乙女の琵琶湖・滋賀

雑貨屋&カフェさんぽ

かわいいお店めぐり

アリカ 著

JN251315

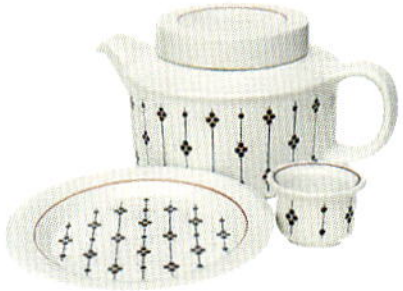

CONTENTS

全体 MAP

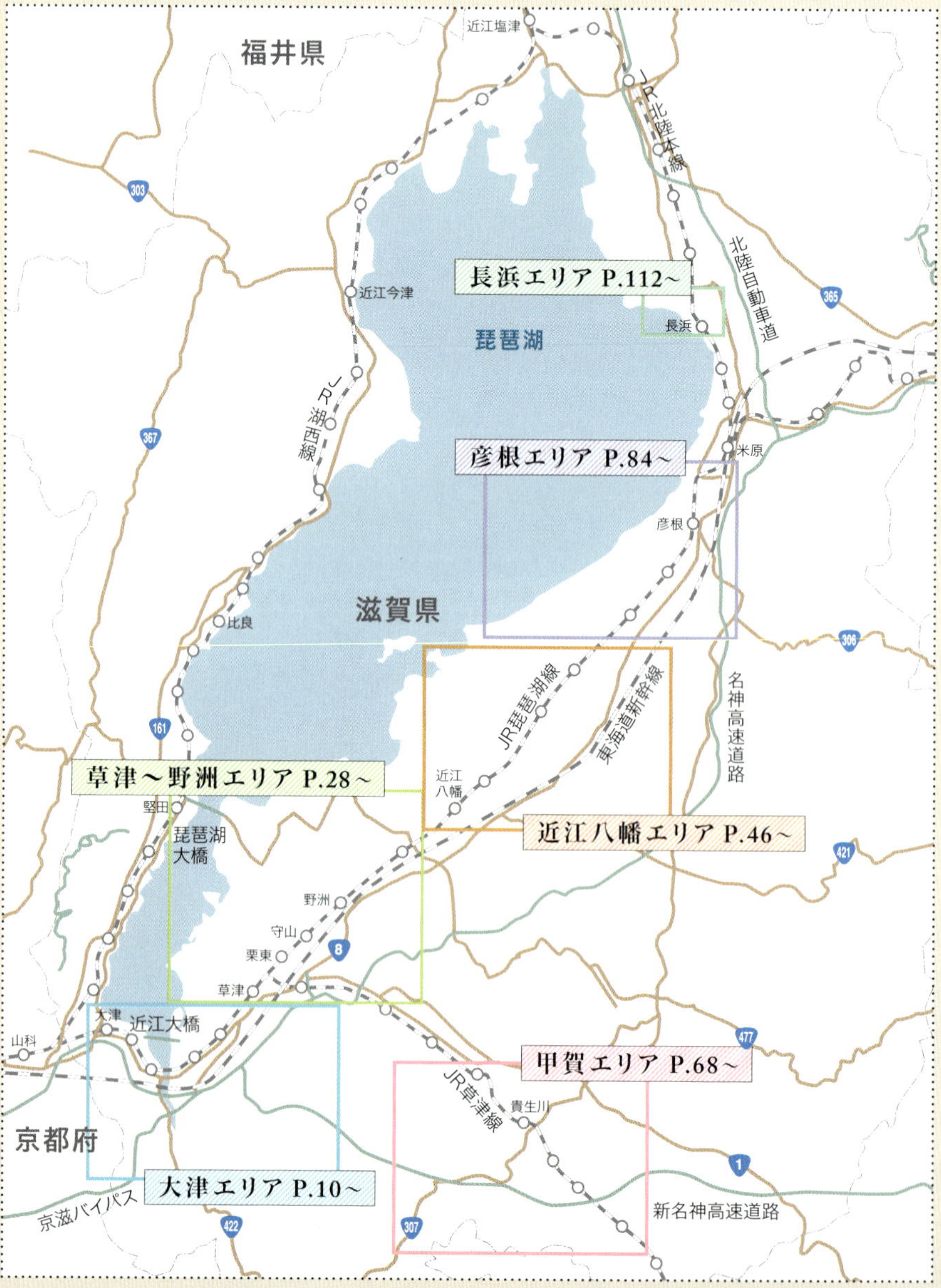
福井県
近江塩津
JR北陸本線
303
北陸自動車道
長浜エリア P.112～
365
近江今津
長浜
琵琶湖
JR湖西線
367
彦根エリア P.84～
米原
彦根
滋賀県
比良
306
JR琵琶湖線
東海道新幹線
名神高速道路
161
草津～野洲エリア P.28～
近江八幡
堅田
近江八幡エリア P.46～
琵琶湖大橋
421
野洲
守山
8
栗東
草津
大津
近江大橋
山科
477
甲賀エリア P.68～
JR草津線
貴生川
京都府
1
大津エリア P.10～
京滋バイパス
新名神高速道路
422
307

掲載店エリア別MAP

エリア別MAPは本書掲載店のおおよその位置を示したものです。お店を選ぶとき、お出かけになるときなどの目安としてお役立てください。各店の正確な所在地は、各店記事に掲載されている個別の小MAPをご覧ください。

大津エリアMAP　P.10～

草津～野洲エリアMAP　P.28～

近江八幡エリアMAP　P.46～

甲賀エリアMAP　P.68～

彦根エリアMAP　P.84～

長浜エリアMAP　P.112～

本書のご利用方法

エリア
カラー表示になっているのが、その店の所在エリアです

お店からひと言
店主をはじめスタッフからの思いやメッセージを写真付きで紹介しています

人気アイテム or メニュー
店で人気のある商品やメニューを3つ紹介しています

外観
店の外観や看板の写真です。訪れる際の目印にしてください

店名
店の名称とよみです

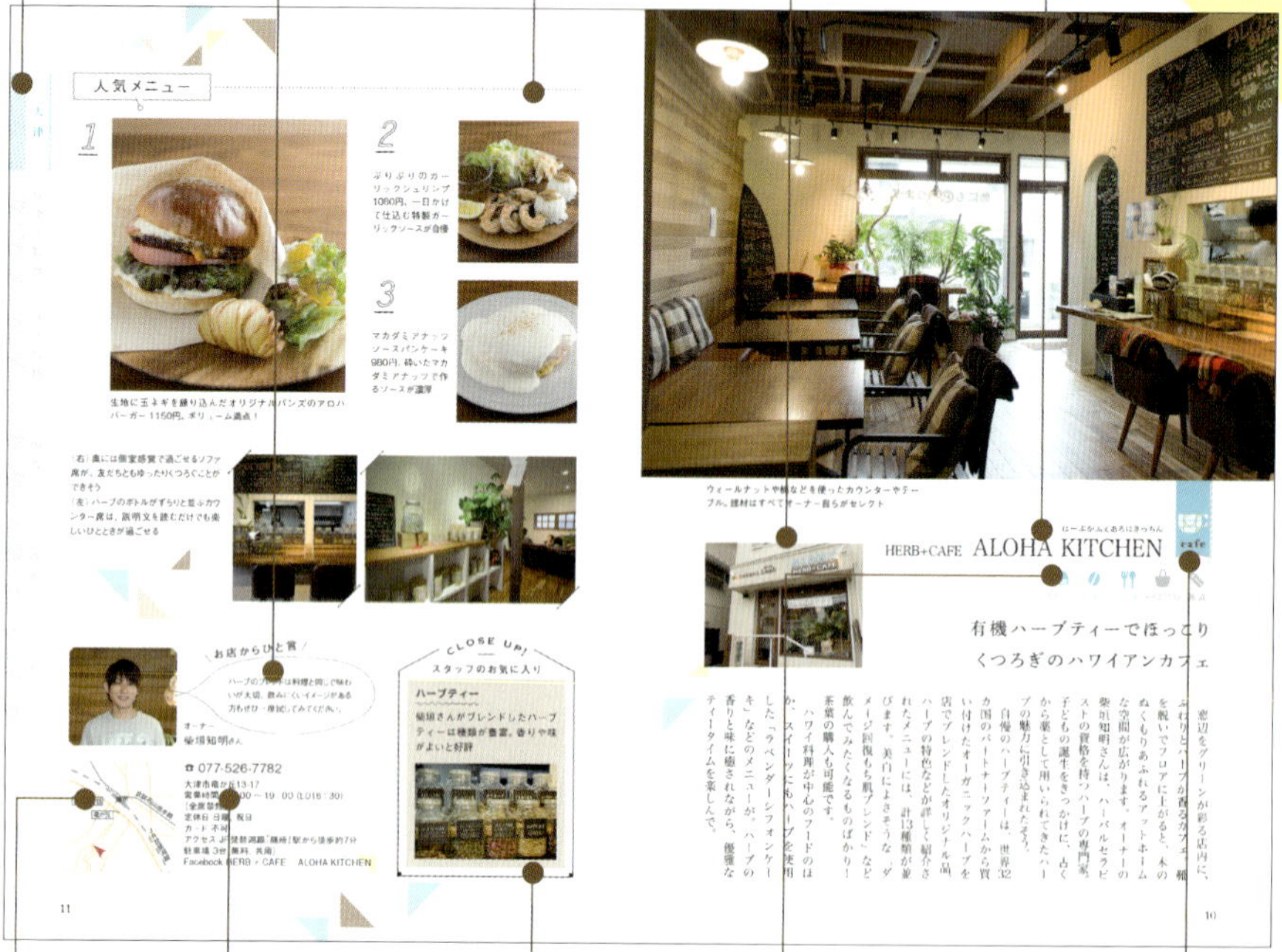

小MAP
店の所在地と、近隣の道や目印を簡略化して表示しています

データ
電話番号や住所など店の基本的な営業データです。クレジットはVISA、Master、JCB、AMEX、Diners のみを明記し、そのほかのカードは「ほか」と記載しています

CLOSE UP！スタッフのお気に入り
店主やスタッフが、特に思い入れを持つ商品や店にまつわるアイテムなどを紹介しています

アイコン
店の特徴を示すアイコンで、雑貨店は文具、食器、服、手芸、カフェの5つ。カフェはスイーツ、コーヒー、ランチ、テイクアウト、雑貨の5つです。充実している項目がカラー表示に

ジャンル
本書では雑貨店かカフェどちらかのジャンルで記載しています

［定休日］ 基本的な定休日のみを記載しています。
［料 金］ 価格は税込み表示です。税率の変更に伴い、価格が変わる場合があります。
［季 節］ 各商品、メニューの内容・価格・提供期間などは変更される場合があります。

本書掲載の内容は、2016年6月現在のものです。商品・メニューの内容や料金、営業内容などが変更される場合もありますので、事前にご確認ください。

AREA

—

大津

IGENAL HERB TEA
all 600
今月のオススメ
ベリーベリーベリー
HAPPY DAY
カラダやさし茶

ウォールナットや楠などを使ったカウンターやテーブル。建材はすべてオーナー自らがセレクト

cafe

HERB+CAFE ALOHA KITCHEN《はーぶかふぇあろはきっちん》

スイーツ　コーヒー　ランチ　テイクアウト　雑貨

有機ハーブティーでほっこり くつろぎのハワイアンカフェ

窓辺をグリーンが彩る店内に、ふわりとハーブが香るカフェ。靴を脱いでフロアに上がると、木のぬくもりあふれるアットホームな空間が広がります。オーナーの柴垣知明さんは、ハーバルセラピストの資格を持つハーブの専門家。子どもの誕生をきっかけに、古くから薬として用いられてきたハーブの魅力に引き込まれたそう。

自慢のハーブティーは、世界32カ国のパートナーファームから買い付けたオーガニックハーブを店でブレンドしたオリジナル品。ハーブの特色などが詳しく紹介されたメニューには、計13種類が並びます。美白によさそうな「ダメージ回復もち肌ブレンド」など飲んでみたくなるものばかり！茶葉の購入も可能です。

ハワイ料理が中心のフードのほか、スイーツにもハーブを使用した「ラベンダーシフォンケーキ」などのメニューが。ハーブの香りと味に癒されながら、優雅なティータイムを楽しんで。

人気メニュー

1

生地に玉ネギを練り込んだオリジナルバンズのアロハバーガー1150円。ボリューム満点！

2

ぷりぷりのガーリックシュリンプ1080円。一日かけて仕込む特製ガーリックソースが自慢

3

マカダミアナッツソースパンケーキ980円。砕いたマカダミアナッツで作るソースが濃厚

(右) 奥には個室感覚で過ごせるソファ席が。友だちともゆったりくつろぐことができそう
(左) ハーブのボトルがずらりと並ぶカウンター席は、説明文を読むだけでも楽しいひとときが過ごせる

お店からひと言

ハーブのブレンドは料理と同じで味わいが大切。飲みにくいイメージがある方もぜひ一度試してみてください。

オーナー
柴垣知明さん

☎ 077-526-7782
大津市竜が丘13-17
営業時間 10：00 ～ 19：00 (LO18：30)
[全席禁煙]
定休日 日曜、祝日
カード 不可
アクセス JR琵琶湖線「膳所」駅から徒歩約7分
駐車場 3台(無料、共用)
Facebook HERB + CAFE　ALOHA KITCHEN

CLOSE UP!
スタッフのお気に入り

ハーブティー

柴垣さんがブレンドしたハーブティーは種類が豊富。香りや味がよいと好評

洒落たランプシェードやソケット、ガーデン用品が
並ぶ店内に、窓から心地よく光が注ぐ

zakka

A^+ store《えーぷらすすとあ》

文具　食器　服　手芸　カフェ

家作りの玄人が選び抜いた 上質な空間を紡ぐエッセンス

萱野浦の閑静な住宅街に佇む一軒家。緑が素敵なアプローチから中に入り、2つ目の部屋が「A^+ store」です。白壁にアンティークな趣の木が味わいを添える空間には、自然塗料などのDIY用品に、シンプルで美しいフォルムの照明や器などの生活雑貨、植物などがゆったりと。店を営むのは2階にある設計事務所。家にまつわるアイテムを選べる場にと2015年に開きました。「家作りに携わる私たちがいろいろ見てきた中から、質のよいものだけを厳選しました」とマネージャーの諫山亜由美さん。棚受け金物や真鍮マドラーのほか、オーダー可能な家具などのオリジナル品も。実際、こだわりの空間を求める女性客がたくさん訪れるそう。

隣室は香り高いコーヒーや軽食が楽しめる「KAYANO COFFEE」で、買い物後のひと休みにもぴったり。「A^+ store」で扱う食器の使い心地が試せるのも魅力です。

(上) 人気のアンティーク調の引き手コーナー。1個200～700円台。取り付けも手軽にできるそう
(右) ハンギングの観葉植物にシンプルな壁掛け時計、精緻な真鍮アイテムなど上質な空間を紡ぐアイテムがあれこれ並びます

人気アイテム

1

英国BRIWAX社製の蜜蝋ワックス (0.4L) 3240円。家具に塗るとアンティークな趣に

2

波佐見焼のCommon シリーズ。マグカップ1404円とトレイ (21cm) 1296円

3

亜鉛や釉薬を巧みに使ったモダンデザイン。ベルギー・ドマーニ製の植木鉢2808円

\ お店からひと言 /

長く使っていただけるものだけを厳選して置いています。コーディネートの相談なども、どうぞお気軽に。

store manager
諌山亜由美さん

☎ 077-547-5505
大津市萱野浦12-3
営業時間 11：00～17：00
定休日 水曜
カード 可 VISA/Master
アクセス JR琵琶湖線「瀬田」駅南口からバス「萱野浦北通り」停下車 徒歩約5分
駐車場 8台(無料)
URL http://a-plus-store.com/

CLOSE UP!
スタッフのお気に入り

「KAYANO COFFEE」のリッチブレンド

カフェで飲める一杯だてのコーヒー。木のトレイと真鍮マドラーはオリジナル。450円

ビンテージ、日本のプロダクト、服や布地など、多岐にわたる各コーナーは見応えあり

zakka

NORTHWEST SELECT《のーすうえすとせれくと》

文具　食器　服　手芸　カフェ

雑貨好きを魅了し続ける
北欧ビンテージの魅惑の棚

広々とした店内に整然と並ぶのは、オーナーの瀬川貴彦さんが国や新旧を問わずに集めた雑貨の数々。北欧ものを中心に、職人の手仕事が光るリトアニアの民芸品から丹波焼や益子焼といった日本の器までそのジャンルはさまざま。

セレクトの基準は「ほかにはない特別な個性を感じるもの」と瀬川さん。入り口左手のビンテージコーナーには、北欧のカップ&ソーサーやドイツの時計、デンマークのランプシェードなど、まさに力強い個性を放つ品々が並びます。中でも瀬川さんのおすすめは、北欧神話をモチーフにしたARABIA（KALEVARA）のアンティークプレート。製作年が刻まれているので、誕生年のものをプレゼントに贈っても喜ばれそうです。

また、竹細工のザルをはじめ台所道具や、遊び心のある文具、着心地のよいリネンの服などもラインナップ。時代に合わせて少しずつ変化し続ける品揃えに、訪れるたび胸が高鳴ります。

(上) スリップウェアと呼ばれる技法を施した、日本の作家による茶碗やプレートも充実
(右) 北欧の民芸品やビンテージを集めたコーナー。作られた土地に思いを巡らせるのも楽しい

人気アイテム

1

若菜綾子さんの一輪挿し各2700円。若手作家が作る一輪挿しは、質感のよい益子焼

2

白樺の樹皮をなめして作る白樺のフタ付きBOX19800円、オーナメント7560円

3

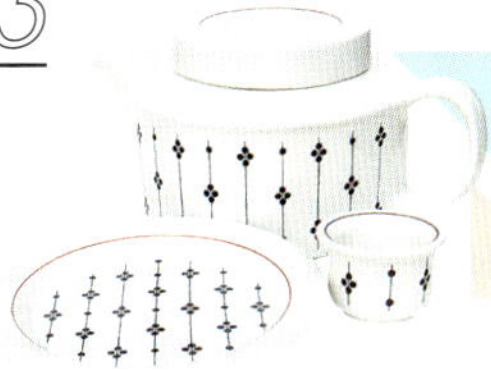

ARABIA (Kartano) ティーポット25800円、エッグカップ6480円、プレート4980円

お店からひと言

今の時代に本当にすてきだと思えるものを集めました。好きなものに囲まれたくなったらぜひいらしてください。

店主
瀬川貴彦さん

☎ 077-544-6760
大津市萱野浦23-22 クレメント瀬田1F
営業時間 11：00～19：00
定休日 火曜(祝日の場合は営業)
カード 可 VISA/Master/JCB/AMEX/Diners ほか
アクセス JR琵琶湖線「瀬田」駅南口からバス「ロイヤルオークホテル」停下車 徒歩約3分
駐車場 3台(無料)
URL http://www.northwest-select.com/

CLOSE UP!
スタッフのお気に入り

コーヒーミル (Peugeot)

1950年代のアンティーク。ミルとは思えないカラフルさがお気に入り。19800円

家具店だった家屋を改装したという奥行きのある店内。作り手の温度感を感じるアイテムが揃う

zakka

atelier sango《あとりえさんご》

文具　食器　服　手芸　カフェ

ファブリック作家の工房で ボーダーレスな雑貨選び

宿場町の古い町並みに溶け込むように建つ一軒の雑貨店。店主の小枝由佳さんが手掛けるファブリックブランド「hirune」の生地やそれらを使った子ども服、バッグを中心に、ジャンルを問わず手作りのあたたかみを感じさせるアイテムが揃います。小枝さんが「もの作りへの温度感が同じ人に声をかけて」集めたアクセサリーやインテリアなどの品々は、どれもふんわり愛らしい雰囲気で心を和ませてくれます。普段のファッションや暮らしに一つ取り入れるだけで、ちょっぴりエレガントな雰囲気になりそう。

元は小枝さんのアトリエとして借りた建物でしたが、「もの作りの現場に触れ、いろいろな作家さんのアイテムに出合ってほしい」という思いから、雑貨店としても営業することにしたのだそう。あくまでも制作活動がメインなので、オープンするのは、店名のサンゴにかけて、3と5、そしてそれらを足した8のつく日のみです。

（上）レジ横の棚には、デザインユニットSnip!が買い付けてきた東南アジアの少数民族の布なども
（右）赤ちゃんへのメッセージが書かれたneji舎の布バッジがユニーク。レトロな花柄のクラッチバッグも

人気アイテム

1

hiruneの窓風船柄の布で仕立てたじんべえ5184円。80、90、100cmの3サイズ

2

滋賀のアトリエsunawo na katachiのブローチ・Wacca。（左）四つ花3780円、（右）ミモザ4104円

3

neji舎の型染手ぬぐい1404円。ボートやリンゴなど季節によって柄はいろいろ

店主
小枝由佳さん

お店からひと言

手作りのよさを感じることができる作家さんのアイテムが揃っています。ぜひお店に来てください。

☎ 080-6176-2404
大津市中央2-6-20
営業時間 10：00～18：00
定休日 3、5、8のつく日以外
カード 不可
アクセス 京阪石山坂本線「島ノ関」駅から徒歩約6分
駐車場 なし
URL http://ateliersango.web.fc2.com/

CLOSE UP!
スタッフのお気に入り

ベビーギフトセット

聚落社の箱にhiruneの子ども服とsunawo na katachiのサンキャッチャーを。6480円～

黒くペイントされたカウンターや壁がアクセントとなった店内

cafe

hello COFFEE STAND《はろーこーひーすたんど》

スイーツ　コーヒー　ランチ　テイクアウト　雑貨

ボードゲームとコーヒーと秘密基地で過ごす濃密な時間

窓から瀬田駅のホームを望むレトロなビルの2階。隠れ家のような雰囲気を醸し出す店内の、棚にぎっしりと並べられたボードゲームの数々が目を引きます。自身も愛好家であるオーナーが「ボードゲームを楽しめるカフェ」として2016年にオープン。コーヒーは、単一農園で栽培された1種類の豆を使うシングルオリジンが中心で、京都の「WEEKENDERS COFFEE」がエスプレッソ用に焙煎したものを使っています。その味わいにもこだわり、その日の天気や湿度にあわせて豆の挽き方を微妙に調整し、ベストな味を常に保っているそう。

「初めて会う人同士でも、一緒になって楽しめるのがボードゲームの魅力です」と語るオーナーの橋口さん。ゲームを囲んで、コーヒーを片手にわいわい盛り上がる光景は、まるで〝大人の秘密基地〟のよう。定期的にボードゲームの大会も開催。子どもに戻った気分で、気ままな時間を過ごしてみて。

人気メニュー

1

カプチーノ450円。エチオピア産の豆を使い、フルーティーな香りと酸味が特徴

2

自家製パウンドケーキやフルーツグラノーラなどが入ったパウンドカフェ650円

3

フルーツの酸味とメープルシロップの甘さが好相性のカナディアントースト600円

(右)カウンターに置かれた「LA MARZOCCO」のエスプレッソマシーン。店内にはスタンディングスペースも用意
(左)棚に並べられたボードゲームは、国内外の名作からレアものまでなんと約300種類

お店からひと言

ボードゲームの遊び方がわからないときは、レクチャーしますので気軽にお尋ねください。

オーナー
橋口貴志さん

☎ 050-3749-7584
大津市大萱1-18-7 グロワール赤羽2F
営業時間 17：00～23：00(LO)(土・日曜、祝日は14：00～)[分煙]
定休日 月曜(祝日の場合は翌日)
カード 不可
アクセス JR琵琶湖線「瀬田」駅南口から徒歩約1分
駐車場 なし
URL http://hello-coffee-stand.com/

CLOSE UP!
スタッフのお気に入り

WOCHA

デザイナーでもあるオーナーが企画・制作した連想しりとりカードゲーム。2200円

瀬田川をゆるりと眺めながら
香ばしい窯焼きピザに舌鼓

築80年ほどの川沿いの古民家をリノベーション。
高い吹き抜けの開放感は抜群

cafe

cafe fukubako《ふくばこ》

スイーツ　コーヒー　ランチ　テイクアウト　雑貨

古民家のドアを開けた瞬間、2階までを吹き抜けにした開放的な空間が目の前に広がります。煉瓦タイルや古い梁をアクセントにしながら、古道具と珍しい観葉植物を配したレトロポップな店内。カフェスペースは1階と2階の両方にあり、どちらも窓からすぐ近くを流れる瀬田川が臨めます。

ランチタイムの人気は石窯で焼き上げる熱々のピザで、約9種類が揃います。カフェメニューには同じく石窯を使ったチーズケーキなど、パティシエが手掛けるケーキ&タルトがスタンバイ。そしてフードやスイーツと合わせて楽しみたいのが、注文を受けてからマスターが一杯ずつドリップするコーヒー。コロンビアとタンザニア、ブレンドの3種類があり、女性にはコクがありながらもサッパリとしたタンザニアが人気なんだそう。

インドネシアのガラス製ケーキ皿や、ホットコーヒー用の益子焼など、こだわりの器にも注目を。

人気メニュー

1

ピザランチセット1280円～。トマトとモッツアレラチーズ、バジルのピザは定番メニュー

2

石窯で焼いたベイクドチーズケーキとホットコーヒータンザニアはセットで750円

3

コーヒーとガトーショコラのパフェ750円。コーヒーゼリーやグラノーラ入り。10食限定

（右）ソファ席が多い1階のカフェスペース。マスターが季節に合わせてセレクトする洋楽BGMも好評
（左）太い梁が存在感たっぷり。2階への階段上からは、マスターがコーヒーを淹れる様子も見える

お店からひと言

コーヒー片手に、窓の外の川面を眺めながら、のんびりゆったりくつろいでいただけたらうれしいです。

マスター
福冨敦夫さん

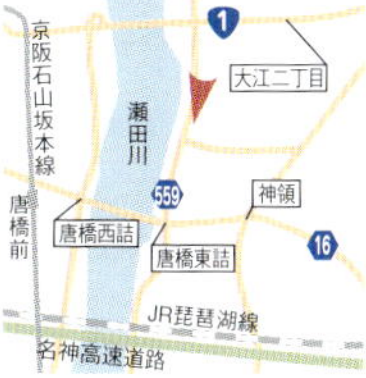

☎ 077-544-2905
大津市瀬田1-22-24
営業時間 9：30 ～ 18：00（LO17：30）
※モーニングLO11:00、ランチ11:00 ～ 15:00(LO)
［全席禁煙］
定休日 月曜 、ほか不定休あり　カード 不可
アクセス 京阪石山坂本線「唐橋前」駅から徒歩約10分
駐車場 3台（無料）
Facebook カフェフクバコ

CLOSE UP!
スタッフのお気に入り

瀬田川

2階の窓から。いつまでも眺めていられそうな、のどかな川辺の風景に癒される

通り名のプレートやコーヒー豆の麻袋、緑鮮やかな観葉植物など、ディスプレイもハワイアン

cafe

KAHALANI《かはらに》 Coffee House

スイーツ　コーヒー　ランチ　テイクアウト　雑貨

“天国のような場所”で トロピカルなカフェタイム

店名のカハラニとは、ハワイの言葉で「天国のような場所」。おだやかな南国の音楽に癒されながら、香り高いコーヒーとシンプルなスイーツが味わえます。

「ハワイには、おいしいコーヒーがたくさんあるんですよ」と教えてくれたのはコーヒーコーディネーターの資格を持つ店主の岡本義和さん。ハウスブレンドには、すっきりとした味わいのオアフ島・ワイアルアコーヒーを中心に、コナコーヒーやカウコーヒーなどハワイ産の豆を合わせています。

コーヒーと一緒に味わいたいのが自家製スイーツ。爽やかなクリアブレンドにはチーズケーキが、コク深いビターブレンドにはガトーショコラがおすすめだそう。ほかにもマカダミアナッツがのったパンケーキやココナッツミルクを使ったフレンチトースト、アサイーボウルなど、ハワイアンなスイーツがスタンバイ。芳しい香りに包まれて、幸せなコーヒータイムを過ごすことができます。

人気メニュー

1

ベイクドチーズケーキ400円とカハラニクリアブレンドM450円。セットで100円引き

2

オアフ島にある人気店のメニューをアレンジ。マカダミアナッツソースパンケーキ650円

3

ハワイアンフレンチトースト500円はパイナップルソースを添えて。1日8食限定

(右) 15席ほどのこぢんまりとした店内。オーダーを受けてから豆を挽き一杯ずつドリップ
(左) 店内で焙煎した豆の販売も。ブラジル、エチオピアなど世界各地のスペシャルティコーヒーが

お店からひと言

豆の産地や焙煎日を変えた飲み比べもできますよ。ぜひ、お好みのコーヒーを探しにおいでください。

店主・コーヒーコーディネーター
岡本義和さん

☎ 077-548-8011
大津市馬場1-4-30
営業時間 10：00～19：00（日曜は～18：00）
[全席禁煙]
定休日 木曜・第3日曜、ほか不定休あり
カード 不可
アクセス JR琵琶湖線「膳所」駅から徒歩約4分
駐車場 15台（タイムズときめき坂利用、1000円以上で1時間まで無料）
URL http://www.kahalanicoffeehouse.com/

CLOSE UP!
スタッフのお気に入り

ウクレレ

音楽好きの岡本さん。壁に飾られているのはハワイで買ってきた愛用のウクレレ

約3mもの高さのガラス越しに見える、四季折々の風景は圧巻。毎月1回コンサートを開催

立木音楽堂カフェ《たちきおんがくどうかふぇ》

スイーツ　コーヒー　ランチ　テイクアウト　雑貨

瀬田川の眺望に身をゆだね 時を忘れる大人の指定席

重厚な木の扉を開けると、悠々と流れる瀬田川が目の前に。木々が風になびき、水鳥が飛び交う自然のパノラマが広がります。

楽器製作と演奏が趣味というオーナーの舘利春さんが、クラシック音楽専門コンサートホールを開館。ピアノ、チェロ、バイオリン、フルートほかによる、演奏会が定期的に行われています。

そのホールは、週末になるとテーブルが設けられ、クラシックの調べをバックに、瀬田川を眺めながらコーヒーが楽しめるカフェに様変わり。舘さんの奥さまが作る1日10食限定のランチは、いつも完売するほどの人気。甘さ控えめのフレンチトーストなどのスイーツも心和む時間を演出してくれます。「何もせずにぼーっとしていられる場所。カップルや友だち同士のお客さまでも、ただ景色を眺めながらゆったり過ごす人が多いですね」と舘さん。非日常を満喫できる開放感が、ここにあります。

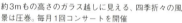

人気メニュー

1

地元の食材を使用したおかずは飽きのこない“お母さんの味”。おうちごはん（コーヒーまたは紅茶付き）1000円

2

やさしい甘さが魅力。フランスパンを卵液に半日以上漬け込むフレンチトースト600円

3

マイルドで飲みやすい種類をセレクト。クッキー付きのブレンドコーヒー400円

（右）ホールの横には開放的なテラス席が。大津郊外とは思えない壮大な景色は、国定公園にも指定されている
（左）コンクリートや鉄、木を組み合わせたモダンな建物。アプローチの池には蓮をしつらえている

お店からひと言

「自分ならこんな場所にいたいな」という思いを詰めこんだ空間。景色と音楽を存分に楽しんでください。

オーナー
舘利春さん

☎ 077-546-4000
大津市石山外畑町110-2
営業時間 11：00～夕暮れ［分煙］
定休日 月～金曜、祝日
カード 不可
アクセス JR琵琶湖線「石山」駅南口からバス「鹿跳橋」停下車 徒歩約20分
駐車場 8台（無料）
URL http://music.geocities.jp/tachikiongakudo/

CLOSE UP!

スタッフのお気に入り

店の看板

手作りのぬくもりと音楽への愛情が感じられる、舘さんが手掛けたアイアン製の看板

個性あふれるアイテムがいっぱい！

ミュージアムショップで見つけた雑貨①

琵琶湖博物館 ミュージアムショップ おいでや

廣田朱里さん作
オオサンショウウオの焼き物

同館の人気者を京焼の作家に特注。ほかにも湖の生き物の陶磁器がいっぱい。1個1944円

リネン100％ハンカチ

手捺染の麻ハンカチは滋賀産。烏丸半島の蓮や滋賀の山・波をモチーフに。1枚1728円

手描きバッグ 微生物

博物館展示の新しい目玉である微生物。成安造形大の小田隆准教授がデザイン。5184円

切り絵クリアファイル（小）

滋賀の里山を撮る写真家で、切り絵作家でもある今森光彦さんの作品を使用。270円

琵琶湖博物館 ミュージアムショップ おいでや

☎ 077-568-4846
草津市下物町1091 滋賀県立琵琶湖博物館内
営業時間 9：30 ～ 17：00
定休日 月曜（祝日の場合は営業）、ほか臨時休あり
カード 可 VISA/Master/JCB/AMEX/Diners ほか
アクセス JR琵琶湖線「草津」駅西口からバス「琵琶湖博物館前」停下車 徒歩約2分
駐車場 480台 ※館利用者は無料。受付で駐車無料カードの受け取り要
URL http://oydeya.com/

４００万年前に誕生した琵琶湖の歴史に触れられ、湖に生息する淡水魚と出合える博物館。「湖と人間」をテーマにしたショップには、湖の生き物や滋賀の自然・文化をモチーフにしたアイテムが多彩に揃います。陶芸作家に特注している、湖ゆかりの水生生物や近江野菜をかたどった愛らしい焼き物は特に人気なんだそう。

AREA

草津～野洲

AVRIL

CHOCOLATE
MADE BY
BAKER & Co.Ltd.
CAMPBELL'S
Perfect TEA
KING BOX

白が基調のこぢんまりとした店内には、大手ショップでは取り扱っていないアイテムが充実

zakka

手芸と日用雑貨のお店 teto.《てと》

文具　食器　服　手芸　カフェ

手作り作家のおめがねに叶う かわいいがつまった宝の箱

栗東駅から程近い住宅街の一角に佇む小さな雑貨店。「自分が使ってみたいと思ったものだけを集めています」と語るのは、アクセサリー作家でもある店主の矢野悠子さん。ボタンやビーズなどのアクセサリーパーツから布や糸といった手芸用品、食器や洋服まで、矢野さんの琴線に触れたかわいらしいアイテムが揃います。天井にはアフリカのかご、壁には色鮮やかなウールやリネンの糸、足下には子ども向けの洋服や絵本……と、多彩な品々で埋め尽くされた店内は、まるで宝箱。「お気に入りと出合うには、店内を2周するくらいゆっくり選ぶのがおすすめ」なんだそう。

編み物のレッスンを随時実施しているのも魅力。シュシュやニット帽、手袋などにチャレンジできます。また2015年から不定期で、店頭にてプチマルシェを開催。今後は花店と協力し、リースアレンジのレッスンも計画中。手作り好きならぜひ訪れたい一軒です。

人気アイテム

1

水彩画家・伊藤尚美さんのブランドnani IROの生地。水玉が一番人気。1m1512円〜

2

トーベ・ヤンソン生誕100周年記念で作られたムーミンジャム972円。洋酒入りで大人の味

3

無地の洋服にも合わせやすい、marble SUDの靴下1400円。夏は綿、冬はウールが人気

(上) 京都の糸専門店「AVRIL」の毛糸が豊富に揃う。すべて量り売りで、10g 130〜540円
(左) カラフルなアクセサリーパーツ。悩んだときはアドバイスしてくれるので、気軽に声をかけてみて

お店からひと言

手芸の楽しさを知っていただけるようなお店を目指しています。今後はレッスンを充実させていきます。

店主
矢野悠子さん

☎ 080-3772-2256
守山市伊勢町615-1
営業時間 10：00〜16：00
(土曜は12：00〜17：00)
定休日 水・日曜
カード 可(3000円以上)
VISA/Master/JCB/AMEX/Diners
アクセス JR琵琶湖線「栗東」駅東口から徒歩約10分
駐車場 2台(無料)
URL http://teto.petit.cc/

CLOSE UP!

スタッフのお気に入り

九谷青窯 米満麻子さんの蕎麦猪口

スープにドリンクに、使い勝手抜群の湯呑み。内側の底にも蝶が描かれている。2000円

ファブリックを張った壁とアンティークのチェストがマッチした、落ち着きある店内

cafe

cafe salon STILL ROOM《すてぃるるーむ》

スイーツ　コーヒー　ランチ　テイクアウト　雑貨

多くの人が笑顔でつながる
緑あふれるサロンでくつろぐ

住宅街の中にある緑豊かな児童公園。目の前にはイギリスの田舎家を思わせるカフェがあります。

ヘリンボーン模様に敷き詰めた床が印象的な店内で味わえるのは、フィオレンツァートのエスプレッソマシンで淹れるこだわりのコーヒーや、採れたてのハーブを使ったサンドイッチなど充実のフードメニュー。そのほか、NYチーズケーキをはじめ常時3種類を揃える手作りのケーキは、やさしい甘さがほっとする味わい。添えられた手摘みのハーブの香りも楽しめます。

また店内では、店主のお母さまが作る「STILL MAMA」の布小物などを販売。年2回開かれるマーケットや演奏会などのイベントもあり、多くの人がこの場所を訪れ、出会いの輪を広げています。4年前からまち作りの一環として、公園へ地域の人々と一緒にハーブなどを植える活動も。外を眺めれば、店先の緑と公園が一体となったイングリッシュガーデンのような景色が広がります。

人気メニュー

1

店舗前で育てたチャービルなどのハーブや、旬の野菜を取り入れたナシゴレン750円

2

自家製のレモンのケーキ350円は通年の人気メニュー。季節のハーブを添えて

3

イタリア直送の豆を使ったコーヒー450円は、濃い味わいながら余韻がふわっと残る

(右) 好きなものを並べたら自然と今の形に。絵本やウクレレなど、何だかウキウキするものばかり
(左) 文字が躍る「Room」のオーナメントがかわいらしい。演奏会の際はここがステージに

お店からひと言

たくさんの人が集い、楽しみ、そしてつながる……そんな場所になれればいいなぁと思っています。

店主
田島千鈴さん

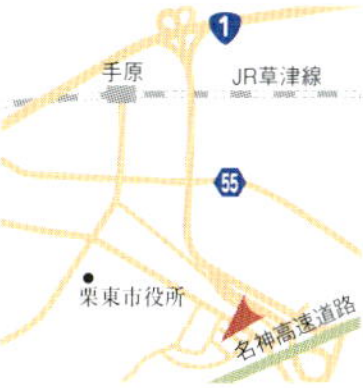

☎ 077-553-7226
栗東市安養寺3-12-22
営業時間 10：00～17：00 [全席禁煙]
定休日 土・日曜、祝日
カード 不可
アクセス JR草津線「手原」駅から徒歩約13分
駐車場 3台(無料)
URL http://cstillroom.exblog.jp/

CLOSE UP!
スタッフのお気に入り

馬チャーム

店主の妹・川島かおりさんが作る「K.」のもので、全6色のラインナップ。2400円

白やベージュなどナチュラルな配色の雑貨が並ぶ。
時間を忘れて見入ってしまいそう

thyme《たいむ》

zakka

文具　食器　服　手芸　カフェ

誰もが幸せな気分になれる乙女のための小さな部屋

閑静な住宅街にある、店のシンボルである大きなユーカリの木と、白い扉が印象的な雑貨店。

イギリスのアンティークテーブルを中央に配した店内には、１００以上の雑貨が並ぶ。風合いあるアンティークのイスの上に額に入った植物の絵や生花、鉢植えのグリーンを並べてイングリッシュガーデンのようにディスプレイするなど、種類の異なるアイテムを組み合わせ、物語を紡ぎ出しています。常に「居心地のよい空間になるように」と考えられた店内はまるでヨーロッパの小部屋よう。センスのよい部屋作りのヒントが見つかりそうです。

こぢんまりとした店のため訪れる人の距離感が近く、お客さん同士で会話が弾むことも多いそう。

数多くのアイテムの中でも人気なのは、オーナーが手作りする、レースのモチーフとビーズを組み合わせた「モチーフのれん」。その繊細な美しさに思わず心が躍ります。

人気アイテム

1

フレームの背面をガラスやレースに変えて二度楽しめる2WAY フレーム2300円〜

2

素材からイメージがわくという、オーナー手作りのフラワーアレンジ1200円〜

3

レースをあしらったティッシュカバー 1380円〜。クロス2000円〜

（上）アンティークチェアを軸に、植物やガーデングッズの取り合わせが見事な入り口付近のコーナー
（左）奥の小部屋に並ぶ涼しげなガラスのビン類。一輪挿しにぴったりな小さなものも豊富に揃う

お店からひと言

雑貨に囲まれた「暮らしの楽しみ方」を提案できればと思っています。非日常の癒しを見つけに来てください。

オーナー
田中浩美さん

☎ 077-585-8751
守山市水保町1422-6
営業時間 10：00〜16：30
定休日 木・日曜、祝日、ほか不定休あり
カード 不可
アクセス JR湖西線「堅田」駅からバス「美崎」停下車 徒歩約3分
駐車場 2台（無料）
URL http://www17.plala.or.jp/thyme/

CLOSE UP!
スタッフのお気に入り

サンキャッチャー

太陽の光を部屋に運び込むというコンセプトに惹かれるのだそう。2000円〜

店内では、季節ごとに取り扱い作家の展覧会を開催。
絵と器など異分野のコラボも予定しているそう

zakka

savi no niwa《さびのにわ》

文具　食器　服　手芸　カフェ

静謐な空間に佇む
暮らしを支える道具の数々

県道沿いに広がる田園風景の中に佇む白い建物は、「錆びたものや古いものが好きだから」と名付けられた小さな店。店主の田中あずささんが全国から集めた、暮らしの器と道具が揃います。２０１３年のオープン以来、丁寧な手仕事から生みだされるセンスのよい品物が手に入ると、県内外から多くのお客さんが訪れるそう。

白を基調とした空間に並ぶのは、全国30人以上の作家が手掛けた陶磁器を中心とする器やカトラリー、アクセサリーなど、どれもシンプルで使い勝手がよいものばかり。「手仕事のぬくもりが感じられ、長い間使えるものを集めています」と田中さん。また、あちこちに配されたビンやガラスプレートなどのアンティークも、静かで落ち着いた店内の雰囲気に彩りを添えています。品物の陳列に使う棚や机などの什器以外であれば、購入も可能。日々の暮らしにやさしく寄り添ってくれる、頼れる相棒を見つけてみて。

(上) 京都の職人の手による金網やふきん、かごなど、普段の暮らしに取り入れやすいアイテムが揃う
(右) 窓から差し込む自然光でやさしく照らされた器。定期的に店内の模様替えをしているのだとか

人気アイテム

1

入荷してもすぐに完売するという菅原博之さんのカトラリー。スプーン1944円〜

2

岐阜県の陶芸作家・加藤祥孝さんの輪花皿2160円。和菓子をのせるとかわいい

3

食材のシャキシャキとした食感を残しておろせる鬼おろし (大) 1944円

\ お店からひと言 /

使い込むほどに風合いが増すアイテムが豊富です。自分だけのスタンダードを見つけてもらえればうれしいです。

店主
田中あずささん

CLOSE UP!
スタッフのお気に入り

冨本大輔さんの鉢

家では和食をよく作るという田中さん。煮物などの盛り付けに重宝しているそう。4320円

☎ 077-586-1806
野洲市高木194-33
営業時間 11：00 〜 17：00
定休日 日〜水曜
※営業日はホームページで要確認
カード 可 VISA/Master/JCB/AMEX/Diners ほか
アクセス JR琵琶湖線「篠原」駅北口から徒歩約5分
駐車場 3台(無料)
URL http://www.savi-niwa.com/

店の前にはナチュラルガーデンが広がる、緑豊かなロケーション。駅近なのもうれしい

cafe

cafe tori《かふぇとり》

スイーツ　コーヒー　ランチ　テイクアウト　雑貨

北欧テイストが漂うカフェで
庭を眺めて過ごす贅沢な時間

JR草津駅東口から徒歩すぐの「niwa+（ニワタス）」。その中で、全面ガラス張りの窓からたっぷり光が差し込む、スタイリッシュな一軒のカフェがあります。白を基調とした明るいフロアは、家具好きのオーナーがセレクトした、ガラス製のモールやポップカラーのサイドテーブルといった、北欧のインテリアでまとめられています。

フードメニューには、週替わりのプレート、パスタやピザ、ハヤシライスにドリンク&サラダが付くランチをはじめ、自家製ケーキやキャラメルバナナパフェといったスイーツも豊富です。また、サングリアなどのアルコールメニューも。一緒にサンドイッチやグリーンカレーなどの軽食を単品でオーダーすることもできます。友だちとゆっくりお茶を飲んだり、遅めのディナーを楽しんだりと、シーンを選ばず行きたいときにふらりと立ち寄れる、そんな使える一軒になりそうです。

人気メニュー

1

週替わりのプレートランチ918円。野菜がたっぷりとれるので女性に人気だそう

2

チーズが香るタコライス。ランチタイムはサラダとドリンクが付いて972円

3

ドリンク付きのケーキセット972円。ケーキは毎日、店内で焼き上げたもの

(右) 店名をかたどった木のオーナメントがかわいらしい。窓からは緑が見えてホッと癒される
(左) カウンターに吊られた3羽の木のツバメ。シンプルながら、遊び心のある演出に思わずにっこり

お店からひと言

お客さまが過ごしやすいお店作りを心掛けています。庭を見ながら思い思いの時間を過ごしてください。

オーナー
福田広高さん

☎ 077-584-4387
草津市渋川1-1-60 niwa+
営業時間 11：00～22：00(LO21：00)
※ランチLO16：00 [全席禁煙]
定休日 なし
カード 不可
アクセス JR琵琶湖線「草津」駅東口から徒歩すぐ
駐車場 なし
URL http://niwatasu.jp/cafe-tori/

CLOSE UP!
スタッフのお気に入り

「HAY」のチェア＆サイドテーブル

デンマークのインテリアブランドのもので実用性も高い。色合いがモダンな印象

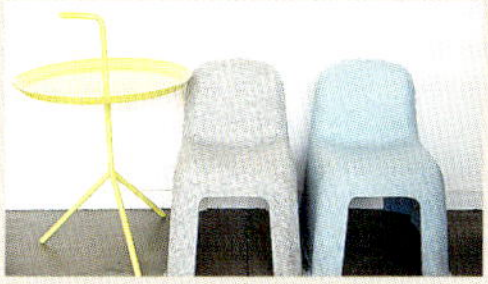

土壁が素朴な店内は、木の香りが漂う。杉やヒノキなど滋賀県産の木が使われている

cafe

Cafe ネンリン《ねんりん》

スイーツ　コーヒー　ランチ　テイクアウト　雑貨

滋賀の恵みから生まれた
幅広い世代が集うスローカフェ

半円形を描いた屋根とヨシの外壁が印象的な郊外の一軒家カフェ。店内の木の柱や梁、土壁からはやさしいぬくもりが感じられます。客席のベンチはワラのブロックを用い、壁の下地には滋賀で採れるヨシを小舞（こまい）として使用し、地域の人々と一緒に作り上げました。

「お客さまの感じるままに、のんびりと過ごしてもらえたら」とオーナーの岡西りまさん。住宅街の中の店にはお年寄りから若者まで、さまざまな年齢の人々が集います。

ランチのおすすめは、6～9種類が一皿にのる季節のおかずプレート。新鮮な野菜が存分に味わえると人気です。また、店内で焼き上げる天然酵母のパンや日替わりのケーキ、焙煎家と共同で開発したオリジナル豆を使ったコーヒーなども。奥のギャラリースペースでは、オーナーが出合った多彩な作家作品も展示されているので、のぞいてみては。

人気メニュー

1

季節の和のランチプレート1300円。新鮮な野菜を使ったおかずと無農薬玄米のセット

2

季節替わりのサンドイッチセットは1100円（ドリンク付き）。旬の野菜を盛り込んだサンド

3

イチゴやレーズンからおこした天然酵母の自家製ドーナツ200円は人気商品

（右）カウンター下にある物販コーナー。無添加の食品や、店内で焼き上げるカンパーニュなどを販売
（左）毎日揚げたてが食べられるドーナツのほか、ケーキもテイクアウトできるのもうれしい

お店からひと言

思い思いの時間を過ごしていただけたらうれしいです。

オーナー
岡西りまさん

☎ 0748-74-2667
湖南市菩提寺西6-1-29
営業時間 11：00～17：00（LO16：00）
［全席禁煙］
定休日 月・火・土・日曜（毎月第2土曜は営業）
カード 不可
アクセス JR琵琶湖線「野洲」駅南口からバス「みどりの村」停下車 徒歩約5分
駐車場 15台（無料）
URL http://cafenenrin.tumblr.com/

CLOSE UP!
スタッフのお気に入り

ヌメ革のメニュー表

使い込むほどに味がでるヌメ革のメニュー表はスタッフ・新田ときこさんの旦那さまのお手製

「お客さん同士が話しやすい店を」との思いから、店内にはアールをつけたカウンターを設置

cafe

cafe & roasting 米安珈琲焙煎所《こめやすこーひーばいせんじょ》

スイーツ　コーヒー　ランチ　テイクアウト　雑貨

豆の個性を生かす自家焙煎で 日常に寄り添う“美しい一杯”

「コーヒーを通して、地元の人が集まるコミュニティを作りたかったんです」と語るのは、東京の自家焙煎の名店「カフェ・バッハ」で4年間修業を積んだ店主・川那辺成樹さん。故郷の守山に戻り、祖母が営んでいた駄菓子屋の跡地にカフェを開きました。今では、散歩の途中や仕事の合間など、地元の人が気軽に訪れる社交場として、休日には県内外から多くの人が訪れる喫茶店としてにぎわいます。

白を基調にした明るい店内では、約15種のスペシャルティコーヒーを味わうことができます。豆はすべて隣接の焙煎所で自家焙煎したもの。豆の一粒一粒を選別するハンドピックを1回の焙煎工程で4度行い、関西では数台しかないという高性能焙煎機で芯までしっかりと火を通すなど、手間ひまをかけた「美しいコーヒー」は、豆の個性を生かした豊かな香りと雑味のない余韻が特徴です。極上の一杯を思う存分楽しんでみて。

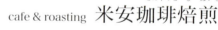

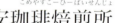

人気メニュー

1

中米パナマのティピカ ドンパチ農園から仕入れるパナマ600円。ナッツのような後味

2

多彩な日替わりデザートも人気。レモン風味のバターケーキ・ウィークエンド350円

3

中煎りと深煎りの2種のコーヒーを使った米安珈琲ゼリー680円。器は信楽の艸方窯

(右) レジ横では、お湯を注ぐだけでおいしいコーヒーが飲めるドリップパック180円も販売
(左) 県内唯一のアドバンスドコーヒーマイスターの資格を持つ店主がセレクトした豆が並ぶ

お店からひと言

美しいコーヒーを飲みに来てください。豊かなコーヒーライフ普及のため、セミナーも開催しています。

店主
川那辺成樹さん

☎ 077-535-6369
守山市守山1-11-12
営業時間 10：00～19：30
（土・日曜、祝日～18：00）［全席禁煙］
定休日 金曜
カード 不可
アクセス JR琵琶湖線「守山」駅西口から徒歩約4分
駐車場 なし
Facebook Comeyasu-coffee（米安珈琲）

CLOSE UP!

スタッフのお気に入り

高性能焙煎機

カフェ・バッハの田口護さんが開発した焙煎機。機関車のような外見で子どもたちにも人気

店内は黒を基調としたシックで落ち着いた雰囲気。
居心地抜群でついつい長居してしまいそう

cafe

Tea Room Maman《ままん》

スイーツ　コーヒー　ランチ　テイクアウト　雑貨

キッシュを頬張る幸福な時間 一人を楽しむ大人の休日

コンクリート打ちっぱなしの壁、ウォルナット材の一枚板テーブル、黒張りのイス……とムーディな大人の雰囲気が漂うティールーム。ケーキ作りが好きというオーナーの小島恵子さんが、コーヒーや紅茶に合うようにと考えたスイーツやデリが揃います。

ドリンクは、イタリア・チンバリのエスプレッソマシンで淹れるコーヒーやカプチーノ、アイルランドのブランド「Campbell's Perfect Tea」の紅茶などがスタンバイ。ショーケースの中では、小島さんお手製のテリーヌや、季節替わりのフルーツタルトなど常時約7種類が並びます。ランチに人気なのはキッシュ。豆乳でコクをだしたマッシュポテトをベースに、えんどう豆やレンコン、クリームチーズ、挽き肉など季節ごとに具材が変わります。

「女性一人でも気軽に入ってもらえるように」と、奥にはゆったりくつろげるソファ席も。自分だけの贅沢な時間を過ごして。

人気メニュー

1

キッシュセット1280円（ドリンク付き）。大ぶりのウインナーと合わせて食べ応えのある一皿

2

2種から選べるパフェ＋好きなケーキが付いた、パフェ＆Cakeセット880円～

3

牛肉150gを赤ワインで3時間じっくり煮込んだ牛肉の赤ワイン煮込みセット1860円

（右）カウンターに並ぶノスタルジックなデザインの紅茶缶が、店のスタイリッシュな雰囲気にマッチ
（左）見た目もかわいらしい大きめのタルト。自分へのご褒美に、贅沢な気分で味わいたい

お店からひと言

おいしいと感じてもらうことはもちろん、笑顔になっていただけるお店でありたいと思っています。

オーナー
小島恵子さん

☎ 077-575-9673
栗東市雲仙寺3-6-5
営業時間 11：00～17：00［全席禁煙］
定休日 月・火曜(祝日の場合は営業)
カード 不可
アクセス JR琵琶湖線「栗東」駅西口から徒歩約20分
駐車場 4台(無料)
URL http://www.tearoommaman.com/

CLOSE UP!
スタッフのお気に入り

Campbell's Perfect Tea

ケニア産の茶葉はコクがありミルクティーにもぴったり。500g缶 3270円

個性あふれるアイテムがいっぱい！

ミュージアムショップで見つけた雑貨②

佐川美術館 ミュージアムショップ SAM

佐藤忠良「ふくろう」ブローチ（銀仕上げ）

彫刻家・佐藤忠良の作品をかたどって、凹凸まで忠実に再現したブローチ。10800円

平山郁夫「月下シルクロードを行く」コンパクトミラー

青の色が印象的な、日本画の大家である平山郁夫の代表作の一部をプリント。1000円

平山郁夫「タージ・マハル」ソーイングセット

平山郁夫による異国情緒あふれる絵画の一部をあしらった、ソーイングセット。1000円

366日の花個紋

1日1日異なる草花の模様で、日本の四季の移り変わりを表現したストラップ。648円

佐川美術館 ミュージアムショップ SAM

☎ 077-585-7815
守山市水保町北川2891
営業時間 9：30～17：00
（入館受付は～16：30）
定休日 月曜（祝日の場合は翌日）
カード 可 VISA/Master/JCB/AMEX/Diners
アクセス JR湖西線「堅田」駅東口からバス「佐川美術館前」停下車すぐ
駐車場 72台（無料）
URL http://www.sagawa-artmuseum.or.jp/

水庭に囲まれた敷地内には、同館が収集する日本画家・平山郁夫、彫刻家・佐藤忠良、陶芸家・樂吉左衛門それぞれの作品を展示するフロアのほか、古今東西のアートに触れられる特別展示室が。併設のショップでは3巨匠の作品に関連するグッズや図録を販売。中でも、平山郁夫の作品をモチーフにしたアイテムが豊富。名画を身近に感じることができそう。

AREA

近江八幡

壁画が印象的な店内は、みんなが集まってお茶を飲む中東のリビングルームをイメージ

cafe

お菓子と旅のお茶 Ruwam《るわむ》

スイーツ　コーヒー　ランチ　テイクアウト　雑貨

旅先の"すてき"を詰め込んだ 異国の香り漂うカフェ空間

旅が大好きな店主・今井章子さんが旅先から持ち帰った、珍しいお茶やスパイス、雑貨がいっぱいのカフェ。その仕入れにもあたる旅に出かけるため、毎年冬の約3カ月間は休業するという、何とも独特な運営スタイルです。メニューは旅の行き先や内容によってそのつど変化し、品切れになればそれでおしまい。そんな一期一会のラインナップを、毎年心待ちにするファンも多いといいます。

中東の家をイメージしたという店内は、真っ白な塗り壁にアーチ型の窓枠とカラフルな壁画が映えて、日本にいることを忘れそうになるほど異国情緒たっぷり。窓の外の緑鮮やかな庭と田んぼから、心地よい風が吹き抜けます。

お菓子好きでもある今井さんが長年研究してきた、卵や乳製品、白砂糖を使わない完全ヴィーガンのお菓子が味わえるのもここならでは。クッキーやサブレ、スコーンなど、毎日食べたくなる素朴でやさしい味が揃います。

人気メニュー

1

ジャグリーティータイム900円。スリランカの農園で試飲して持ち帰った紅茶とケーキのセット

2

庭で採れるナツメなどを使った日替わりのスコーン300円（テイクアウトは240円）

3

月や動植物など、自然モチーフのクッキーは260円～。約10種類から日替わりで登場

（右）豆腐、豆乳、玄米、おからなどを使ったクッキーやスコーン、ケーキなどが並ぶ。テイクアウトもOK
（左）草木染めやステッチを施した珍しい柄のポーチなど、旅先で出合った雑貨も販売

お店からひと言

庭ではハーブなどを育て、メニューにも使っています。お散歩がてら、摘んでいただくこともできますよ!

店主
今井章子さん

CLOSE UP!
スタッフのお気に入り

木の鳥の置き物

タイを旅したときに市場で拾い、気になって持ち帰ったものだそう

☎ 0749-20-2085
愛知郡愛荘町安孫子754
営業時間 12：00～17：00（LO16：00）
［全席禁煙］
定休日 月・火・金・土・日曜　カード 不可
アクセス JR琵琶湖線「稲枝」駅から愛のりタクシーあいしょう「秦荘庁舎」停下車 徒歩約10分
※タクシーは要予約
駐車場 4台（無料）
URL http://ruwammit.wix.com/ruwam/

木の柱や梁が目を引く、落ち着いた店内。奥には靴を脱いでくつろげる座敷席も

cafe

喫茶・雑貨　coque《こきゅう》

スイーツ　コーヒー　ランチ　テイクアウト　雑貨

野菜たっぷりのランチと古民家に流れる穏やかな時間

古いものに呼吸をさせてあげたいという思いを込めて「coque」と名付けられた古民家カフェ。築およそ70年の建物で、昔ながらの白壁が情緒たっぷり。窓越しにのどかな田園風景が広がります。

自然豊かなロケーションに囲まれた店で味わえるのは、自家栽培の米や野菜、自家製味噌を使ったプレートランチ。多彩な食材を使い、味も栄養もバランスのとれた日替わりのおかずが4種も並び、お腹と心がほっと満たされます。「ヘルシーでボリュームもあり、老若男女問わず食べてもらえるメニュー作りを心掛けています」と店主の高橋香子さん。ランチのほかにも、やさしい甘さの手作りケーキやパフェなどのスイーツがスタンバイ。

店内の棚には、店主手作りの焼菓子のほか、麻や綿素材の布小物やアクセサリーも。普段使いにぴったりなものが見つかりそう。心がこもったランチや雑貨を求めて、思わず通いたくなる一軒です。

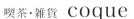

人気メニュー

1

日替わりのおかず4種が付く、今日のごはん1080円。数量限定、要予約

2

定番のバナナケーキなどが選べるケーキセットは900円。バニラアイス付き

3

溶けるような食感が人気のホロホロクッキー（きなこ）など焼菓子は各260円〜

（右）麻織物の産地として知られる愛荘町の麻製品や、長浜の作家「corti（コルチ）」の作品も
（左）スタッフ手作りの髪飾りなどが揃うオリジナルブランド「tochi（トチ）」

お店からひと言

ゆったりとした時間が流れる空間で、心ゆくまでくつろいでいただければうれしいです。

店主
高橋香子さん

☎ 080-1503-6743
愛知郡愛荘町長野1478
営業時間 11：00 〜 15：00（LO14：30）
［全席禁煙］
定休日 土・日・月曜（まれに土曜営業あり）
カード 不可
アクセス JR琵琶湖線「稲枝」駅から徒歩約30分
駐車場 7台（無料）
URL http://coque.shiga-saku.net/

CLOSE UP!

スタッフのお気に入り

tochiヘアゴム

「付けたら元気になれる」と店主も愛用している、カラフルな鳥形のヘアゴム。540円

アジアが香る水辺の土蔵で お茶を通じて人がつながる

むき出しの梁や土壁が印象的な店内。2階はギャラリーや教室などのイベント時に使用

cafe

ティースペース　茶楽《さらく》

スイーツ　コーヒー　ランチ　テイクアウト　雑貨

安土桃山時代に造られた城下町の面影を今に伝える八幡堀。そのほとりにあるのが、築170年の土蔵を改装したカフェ「茶楽」です。店主の大橋生子さんは、中国茶の奥深い魅力に惹かれ、アジアを中心にお茶の産地巡りをした経歴の持ち主。中国茶や紅茶、チャイなどの茶葉は日本人が飲みやすい種類をセレクト。地元食材を使った週替わりのランチは、「豆腐と豚肉包みの新茶蒸し」など季節の味わいが盛り込まれた料理が楽しめます。異国情緒漂う店内で、水辺の風景を眺めながらお茶の香りにホッと一服。ちょっとした旅行気分にひたれます。

近年は自らお茶を栽培し、茶摘み＆お茶作り体験会を行うなど、お茶を通じて人々がつながる企画を開催。地元作家の作品展やヨガなどの教室も。「地元の人が集まり、楽しめる場所にすることで、八幡堀や町並みを後世に残すことにつながると思っています」と大橋さん。今後の展開が楽しみです。

人気メニュー

1

旬野菜たっぷりのヘルシーなお昼ごはんセット1080円。毎週楽しみに通う人も

2

季節のフルーツがトッピングされる、日野の大地堂の全粒粉を使ったクレープ。450円

3

ティーポットでサーブされるアッサムティー540円。高貴な香りに渋み少なめで飲みやすい

(右) 棚にはアジアンテイストの小物がずらり。地元の作家による装飾や雑貨ともしっくり調和し、独特の世界観を演出 (左) 緑が美しい八幡堀を臨む窓際は人気の席。ときおり通り過ぎる舟も目を楽しませてくれる

お店からひと言

韓国留学で学んだ、お茶によく合うお菓子をお出ししているので、ぜひ味わってみてください。

スタッフ
くーちゃん

☎ 0748-47-7980
近江八幡市佐久間町17-1
営業時間 11：00 ～ 17：00 (LO16：30)
[全席禁煙]
定休日 日・月曜、祝日　※2017年からは月曜(祝日の場合は翌日)　カード 不可
アクセス JR琵琶湖線「近江八幡」駅北口からバス「玉木町」停下車 徒歩約5分
駐車場 6台(無料)
URL http://chakapokosaraku.shiga-saku.net/

CLOSE UP!
スタッフのお気に入り

ネパールのキルト

アジアの産業支援のための販売も。ポップな色柄は現地の女性による手仕事。一枚1500円～

湖面からの風が心地よく吹き抜ける店内。照明には
デンマークのLouis Poulsenなどを採用

cafe

coffee åtta 珈琲オッタ《おった》

スイーツ　コーヒー　ランチ　テイクアウト　雑貨

北欧のインテリアに囲まれて
自家焙煎のコーヒーを一杯

小さい頃から寒い国が好きで、フィンランドにホームステイ経験があるほど、北欧に魅了されている店主の川合恭子さん。

シンプルで木のぬくもりあふれる北欧テイストの店内では、川合さんが「生鮮食品」と考え、鮮度にこだわる本格的なコーヒーが味わえます。特別な一杯というよりは、毎日飲んでも飽きのこない、あっさりとした飲み口に仕上げているそう。

コーヒーに合う手作りのケーキは、常時3～5種類を用意。旬のフルーツを使う、日替わりのラインナップもお楽しみ。添えられた竜王町・古株牧場のミルクジェラートとも相性抜群です。また、器にもこだわりが。「日本でも知られるiittala（イッタラ）などのモダンなものよりも、懐かしさを感じる牧歌的な器が好き」と川合さん。やさしい雰囲気のカップや皿は、そのおいしさをより引き立ててくれそう。２０１６年現在、子育て中のため週に数日しか仕込みが行えず、営業は不定期なので気を付けて。

人気メニュー

1

エコ村セレクト（マンデリンアチェゲガラン）は、ほっこりサイズで400円

2

川合さん手作りのブルーベリーのチーズケーキ350円と人気のレモンケーキ300円

3

エチオピアイルガチェフェ G1コーヒー豆100g520円。フルーティーな味わい

（右）焙煎機は、店舗用としては最小の1kg用。豆の鮮度を保つため、次の日に使う分だけを挽いている
（左）北欧の陶器製リングなどのアクセサリーや、店で使用している食器の販売も行う

＼お店からひと言／

自家焙煎のおいしいコーヒーが飲めます。カウンター席もあるので、男性お一人でも気軽にいらしてください。

店主
川合恭子さん

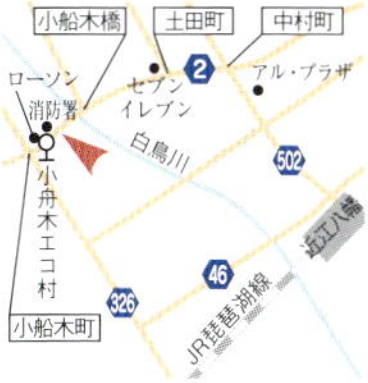

☎ 0748-26-7968
近江八幡市小船木町733-22
営業時間 11：00～16：00 ［全席禁煙］
定休日 不定休（営業日はホームページで要確認）
カード 不可
アクセス JR琵琶湖線「近江八幡」駅北口から
バス「小舟木エコ村」停下車 徒歩約4分
駐車場 5台（無料）
URL http://coffee.shiga-saku.net/

CLOSE UP!
スタッフのお気に入り

iittalaのマリボウルとARABIAのムーミンママの置物

ホームステイ先のおばあちゃんにもらったもの。普段使いのものながらとってもおしゃれ

ナチュラルテイストでまとめられた店内にはデザイン性と機能性を兼ね備えた雑貨がいっぱい

ずっと大切に使いたい しっくりくる宝物を探しに

zakka

NEO classic《ねおくらしっく》

文具　食器　服　手芸　カフェ

住宅街の中に佇む白い壁の小さな店には「毎日を丁寧に暮らす」ための、インテリア雑貨や家具を中心としたアイテムが所狭しと並びます。

デッドストックの東欧のラベルやオイルペーパーなどの紙もの、アンティークの鍵、アクセサリーやファイヤーキングの食器といった小物から、１９５０年代のアメリカ製ビンテージ家具やオリジナルのタワーラック型什器といった大きなものまで、店内にあるものはほとんど購入可能というから驚きです。

なんでも、オーナーが工務店を営んでいることから、雑貨などの展示会用ディスプレイを手掛けることも多いそう。その際に使用した端材は、リメイク後、オリジナルボックスとして販売。手作り市やマルシェへの出店者が、ブースのディスプレイ用にと買いにくることも。アンティーク調の風合いある空間作りができると、好評なんだそう。

（上）落ち着いた雰囲気のアイテムを組み合わせた、思わずまねしたくなるようなディスプレイがあちこちに
（右）アメリカの牛乳ビンのフタや東欧のマッチラベルなど、レトロなテイストの紙ものコーナー

人気アイテム

1

オリジナルのリサイクルウッドの箱2484円は、A4用紙もすっきり片付くサイズ

2

濃い色の衣類の色落ちを防ぐ洗剤 Spuma Di Sciampagna Nero Puro1620円（1L）

3

アンティークの鍵はアメリカ製。アクセサリーやキーホルダーに。各1296円

お店からひと言

インテリアやDIYの相談もお気軽にどうぞ。ディスプレイ用品も豊富なので、ぜひお立ち寄りください。

店主
岩渕さん

☎ 0748-34-6810
近江八幡市桜宮町206-11
営業時間 10：00～17：00
定休日 日・水曜（祝日の場合は休業）
ほか不定休あり
カード 可 VISA/Master/JCB
アクセス JR琵琶湖線「近江八幡」駅北口から徒歩約10分
駐車場 6台（無料）
URL http://www.neoclassick.com/

CLOSE UP!
スタッフのお気に入り

店内の内装

オーナーの奥さま自らが調色、ペイントを手掛けた、深みのあるグリーンのドアが目を引く

重厚感ある梁や柱と風合いあるオフホワイトの床材がマッチした、明るく居心地のよい店内

cafe

Natural Kitchen Cure'l《きゅれる》

スイーツ　コーヒー　ランチ　テイクアウト　雑貨

ヘルシーなプレートランチは心安らぐ懐かしい味わい

のどかな田畑に囲まれた住宅地の一角にゆったりと佇むカフェ。どこか懐かしさを感じる建物は、築100年近くになるという元歯科医院。古い木造の趣に惹かれた店主の安藤恵さんは、家族と一年余りかけて店舗に改装。店名の「Cure'l」には、治療する場所から心癒す場所へ…という意味が込められています。

靴を脱いで、オフホワイトの床が洋テイストを醸し出す店内へ。アットホームな雰囲気の中で味わえるのは、地元野菜や雑穀、豆乳、おからなど昔ながらの和の食材を中心としたメニュー。安藤さん自ら「おばあちゃんの味」と称するやさしい味わいの惣菜5品が付いた「HEALTHY Lunch」や、自家製ベーグルが香ばしい「BAGEL Lunch」など、ランチはすべて月替わり。オーガニックコーヒーや自家菜園で摘んだハーブティーなどドリンク類も豊富です。旬を凝縮したおいしさが、心も体も元気にしてくれそう。

人気メニュー

1

野菜を中心に30品目がバランスよく食べられる。10食限定のHEALTHY Lunch 1620円

2

静岡産の紅茶に季節のフルーツをイン。デザート気分で楽しめるフルーツティー 540円

3

2種類の季節のアイスクリームとタピオカを合わせたヘルシーなアイスパフェ 650円

(右) 玄関横には屋根付きのウッドテラスが。のどかな景色を見ながらのんびり過ごせる。ベビーカーやペット連れもOK
(左) 棚やカウンターでは地元作家による作品展を月1ペースで開催。小物やアクセサリーの販売も

お店からひと言

雑貨類や大人が楽しめる絵本の販売も増やしていく予定です。一人の方もゆったり過ごしていただけます。

店主
安藤恵さん

☎ 0748-48-5702
東近江市五個荘木流町535-1
営業時間 11：00 ～ 18：00 (LO17：00)
[全席禁煙]
定休日 火曜、祝日の翌日(土・日曜を除く)
カード 不可
アクセス 近江鉄道湖東近江路線「河辺の森」駅から徒歩約13分
駐車場 12台(無料)
URL http://natural-kitchen-curel.com/

CLOSE UP!

スタッフのお気に入り

写真集

店長が飼う2匹の看板ネコ・まるちゃん&トムくんの日常をまとめた愛らしい一冊

太い梁などに蔵の重厚な雰囲気が残る。店内の棚やミシンは店主が祖母から譲り受けたもの

zakka

idea note《いであのーと》

文具　食器　服　手芸　カフェ

旧市街の古民家で選ぶ ふんわり乙女の手作り雑貨

古い商家が建ち並ぶ通りの一角、築150年の古民家を改装したどこかモダンな空間に、6軒のショップやギャラリーが同居する「尾賀商店」。その中で、かつて砂糖や履物を保管していた蔵を活用して営まれているのが「idea note」です。店内には、アクセサリーパーツやボタン、布地といった手芸用品がいっぱい。中でも、特にこだわっているのが、滋賀の特産品である麻布。やわらかく吸水性・保湿性の高い麻布の魅力を知ってほしいと、洋服やストール、クッションなどを作って販売しています。

「ジャンルにとらわれず、もの作りの楽しさを発信していきたい」と店主の小林優子さん。コットンパールやアーティシャルフラワー、ボタンなども多く揃え、お客さんが選んだパーツで好みのアクセサリーをその場で仕上げたり、自分で作りたいという人にはワークショップ形式で随時レクチャーも。心躍る手仕事の世界と出合うことができる場所です。

（上）入り口脇の毛糸のモビール。秋冬に販売されるオリジナルの毛糸は、かわいい色合いで人気
（右）ボタンを使ったコサージュやヘアゴム。パーツを指定してオーダーすることもできる

人気アイテム

1

パーツを選べるオリジナルピアスのワークショップは予約不要。制作費800円＋パーツ代

2

信楽焼のidea note オリジナルマグカップ2138円。1点ごとに色合いが異なる

3

吸水・速乾・保湿性に優れる滋賀県産麻布のストール5400円。白とベージュの2色

お店からひと言

毎日、随時ワークショップを開催しているお店です。気軽にもの作りを楽しんでください。

店主
小林優子さん

☎ 0748-32-5567
近江八幡市永原町中12 尾賀商店内
営業時間 11：00～18：00（冬期は～17：00）
定休日 木・金曜
カード 不可
アクセス JR琵琶湖線「近江八幡」駅北口からバス「大杉町八幡山ロープウェイ口」停下車すぐ
駐車場 8台（無料）
URL http://ameblo.jp/idea-note-2014/

CLOSE UP!
スタッフのお気に入り

CLAY STUDIO くりの針山

針をたくさん刺せば刺すほどかわいくなる苔玉のような信楽焼の針山。1188円

建築家・藤森照信氏が内装も手掛けた空間は、大きな吹き抜けと白壁が印象的

cafe

La Collina 近江八幡《らこりーなおうみはちまん》

スイーツ　コーヒー　ランチ　テイクアウト　雑貨

有名建築家が手掛けた空間に ふわりと漂う甘い香り

すぐ裏手には八幡山、車で数分の距離には西の湖と、豊かな自然に恵まれた立地に建つ「La Collina 近江八幡」。「自然と共生」をコンセプトに、「クラブハリエ」のバームクーヘンでも知られる菓子メーカー・たねやグループの新たな拠点として、２０１５年にオープン。1階のショップでは、同社の和・洋菓子が並ぶほか、職人が目の前で生どら焼きを仕上げる、できたて工房なども。

2階のカフェでは、人気の焼きたてバームクーヘンが楽しめます。あたたかい焼きたてをカットし、生クリームを添えてサーブ。卵の香りと程よい甘味が口の中に広がり、ほろほろとくずれる食感が心地よい一品。里山ののどかな景色を眺めながら、幸福な気分に浸れそう。また、店長がバームクーヘンに合うようにと、豊かな香りとやさしいコクにこだわったコーヒーも味わえます。栗材を使ったテーブルで、やさしい味とのマリアージュを楽しんでみて。

人気メニュー

1

同店のみの味わい、焼きたてバームクーヘンセット896円。多いときは日に600皿以上の注文が

2

手作りの餡と生クリームを挟んだ生どら焼きは216円。1階で購入、テイクアウト不可

3

カリッと食感のバームサブレは一枚86円。ショコラとバニラの2種類。1階で購入

(右) 天井に貼りつけられた黒い突起は炭。従業員も参加してしつらえたそう
(左) 熟練の職人によって一層一層焼き上げたバームクーヘンをカット。その様子を見ているだけでも楽しい!

お店からひと言

バームクーヘンを楽しんでいただくためのカフェです。ぜひ焼きたてを味わいにお越しください。

スタッフ
磯部瑚都さん

☎ 0748-33-6666
近江八幡市北之庄町615-1
営業時間 9：00～18：00 (LO17：00) ※焼きたてバームクーヘンはなくなり次第終了 [全席禁煙]
定休日 なし
カード 可 VISA/JCB/AMEX/Diners ほか
アクセス JR琵琶湖線「近江八幡」駅北口からバス「北之庄ラコリーナ前」停下車 徒歩約3分
駐車場 404台(無料)
URL http://taneya.jp/la_collina/

CLOSE UP!
スタッフのお気に入り

草屋根

季節の味を含む3種のまんじゅう詰め合わせ。La Collinaの限定品。6個入766円(季節により変動)

ゆっくり過ごしてほしいからと、席はソファが中心。店内はほとんど改修の手が入っていないそう

Café Caché《かしぇ》

スイーツ　コーヒー　ランチ　テイクアウト　雑貨

体の内側から美しく
蜂蜜にこだわる隠れ家カフェ

八幡堀から少し外れた、路地にひっそりと佇む古民家。寺子屋として使われていた建物が、フランス語で「隠れ家」を意味するカフェに生まれ変わりました。店主の中村ひとみさんは、かつて留学していたシアトルのカフェでキッチン担当をしていた経験を生かし、カリフラワーと雑穀のコロッケといった野菜や雑穀、豆類などにスパイスを取り合わせた、ヘルシーなメニューを提供しています。

中でも、中村さんが特にこだわっているのが、蜂蜜。産地や気候によってワインやコーヒーなどの味が変わるように、蜂蜜も花の数だけ多彩な味があるそう。メニューには、こだわりの蜂蜜を使ったスイーツやドリンクが揃っています。美容や健康にも効果が期待できるという蜂蜜のパワーに魅せられ、買って帰るお客さんも多いそう。そのほか、地場野菜を使ったスープランチ（要予約）も人気。風味豊かな蜂蜜メニューや野菜たっぷりランチで、体の内からきれいになれそう。

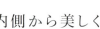

人気メニュー

1

一日一回焼き上げる、米粉で作ったガトーショコラ400円。やわらかな食感がクセになる

2

ニュージーランド産のマヌカハニーがたっぷりかかったハニーヨーグルトパフェ 580円

3

デザートガレット680円。ソバ粉入りの風味豊かなガレットとアイス&蜂蜜は相性抜群

(右) 畳や床の間、扁額、違い棚など、寺子屋だったころの面影が店内のあちこちに残されている
(左) 産地にこだわった蜂蜜は、粘度が高く濃厚な甘み。そのとき一番おいしい、旬の蜂蜜が味わえる

お店からひと言

観光地から少し離れているので、静かに過ごしていただけます。庭を眺めながらゆっくりくつろいでください。

店主
中村ひとみさん

☎ 0748-43-0218
近江八幡市為心町上20
営業時間 11：30 ～ 17：30 (LO17：00)
[全席禁煙]
定休日 火・金曜、ほか不定休あり
カード 不可
アクセス JR琵琶湖線「近江八幡」駅北口からバス「上筋」停下車 徒歩約5分
駐車場 1台(無料)
Facebook Cafe Cache

CLOSE UP!
スタッフのお気に入り

ミード (蜂蜜酒)

水と蜂蜜を混ぜて発酵させたお酒。ポーランドやドイツ産など多種が揃う。600円～

木のぬくもりあふれる、築80年の古民家。店主の祖父が建てた家を改装

cafe

くつろぎ茶・幸《さち》

スイーツ　コーヒー　ランチ　テイクアウト　雑貨

豊かな香りとやさしい味わい 住宅街のお茶専門カフェ

日本茶インストラクターの資格を持つ店主の前田美左恵さんが、「お茶のおいしさを多くの人に知ってほしい」とオープンしたお茶専門のカフェ。木のぬくもりに包まれた空間で、滋賀の政所茶をはじめとする日本各地の緑茶や国産紅茶、中国・台湾から買い付ける中国茶やハーブティーなど、味や香りに個性あふれる約30種のお茶を味わうことができます。どれを飲もうか目移りしてしまったときは、好みの濃さや渋さ、その日の気分を伝えれば、おすすめを教えてくれるので気軽に尋ねてみて。

お茶をあまり飲まない人でも来店するきっかけになればと始めたのが、季節の野菜をふんだんに使った日替わりの「スープランチ」。塩分控えめであっさりとした味が、女性客を中心に人気を博しています。またプリンやだんごなど、お茶にぴったりのスイーツもすべて手作り。そのやさしい味わいを求めて訪れるファンも多いとか。

人気メニュー

1

日替わり2種のスープが味わえる、一日15食限定のハーフ&ハーフスープランチ860円

2

曜日替わりのお菓子とお茶のセット700円。写真は火・木・土曜限定のほうじ茶プリン

3

カフェで飲んで気に入ったお茶があれば、買って帰ることもできる。全15種類、300円〜

(右) 提供されるお茶は、五煎程度まで飲めるものが多く、ゆっくり過ごすことができる
(左) 店内のイスはすべて、桜や楓などの原木を使っている。京都の工房・仙太にオーダーした一点もの

\ お店からひと言 /

お茶のほか、スープやスイーツもご用意してお待ちしています。ほっこりする時間を過ごしに来てください。

店主
前田美左恵さん

☎ 0748-56-1068
東近江市八日市町10-4
営業時間 10:00〜18:00(ランチLO14:30)
※電話予約可 [全席禁煙]
定休日 月曜、第3火曜
カード 不可
アクセス 近江鉄道万葉あかね線「八日市」駅から徒歩約6分
駐車場 4台(無料)
URL http://cha-sachi0712.seesaa.net/

CLOSE UP!
スタッフのお気に入り

急須

店でもプライベートでも愛用している、常滑焼の作家・伊藤雅風さんの作品

個性あふれるアイテムがいっぱい！

ミュージアムショップで見つけた雑貨 ③

MIHO MUSEUM 北館＆南館ショップ

ピラミッド

大理石製の白のほか、ヒエログリフが刻まれた黒も。白（中）540円、黒（中）864円

グラス

イタリアのベネチアングラスデザイナーが手掛けた華やかなグラス。各10476円

グリーティングカード（封筒付き）、一筆箋

京都の唐紙工房・唐長の別ブランド、KIRA KARACHOの品。（左）378円（右）756円

ティーマット、コースター

手織りの布に草木染を施した布小物は、つちや織物所製。（左）2160円（右）870円

MIHO MUSEUM 北館＆南館ショップ

☎ 0748-82-3411
甲賀市信楽町田代桃谷300
営業時間 10：00～17：00（入館は～16：00）
定休日 月曜（2016年8月、9月は休業、2017年も長期休業期間があるためホームページで要確認）
カード 可 VISA/Master/JCB/AMEX/Diners ほか
アクセス JR琵琶湖線「石山」駅南口からバス「MIHO MUSEUM」停下車すぐ
駐車場 150台（無料）
URL http://miho.jp/

湖南アルプスの山中にあるMIHO MUSEUM。季節ごとに特別展を行う北館のショップでは、和をテーマにしたガラスや染織、紙製品といった作家もののクラフト作品が。エジプトや西アジアなどの古代美術を常設する南館では、イタリアやペルーなどの関連グッズが。ほか、レセプション棟でも図録やポストカード、本などを販売。

AREA

甲賀

店内の一角にある隠れ家的なスペース。アンティークの足踏みミシン台がレトロな雰囲気

zakka

暮らしに寄り添う器と雑貨　Homey《ほーみぃ》

文具　食器　服　手芸　カフェ

やさしさとぬくもりあふれる手作りの雑貨がお出迎え

器を専門に扱うネットショップからスタートし、2009年に実店舗をオープン。道から少し奥まった場所に静かに建つ店は、アンティーク風の木製扉を開けると、雑貨店には珍しい靴を脱ぐスタイル。「おうちに帰ってきたようにほっこりくつろいでほしい」という店主・墨田久子さんの思いからこの形になりました。

古道具が好きという墨田さん。照明や陳列棚などに古いものを取り入れているせいか、思わず「ただいま」と言いたくなるような安らぎと懐かしさが店内にあふれています。

ウッディな雰囲気の落ち着いた店内には、信楽をはじめとした全国各地の作家50人以上の陶器が所狭しと並びます。また、お客さんのリクエストに応じながら集められた雑貨は、手仕事ならではのぬくもりが感じられるものばかり。アクセサリーから革小物、食品まで幅広いジャンルのアイテムが揃います。

(上)店主が集めたやさしい色合いのステンドグラスなど、レトロなインテリアも販売
(右)どこか懐かしい雰囲気を持つランプシェイドがアクセントのこぢんまりとした店内

人気アイテム

1

まるで絵本の世界のような、やまぐちあつこさんのマグカップ(大)3240円、長角皿2592円

2

店主も愛用しているsunawo na katachi ブローチ swallow(S) 800円

3

ストローバスケット(小)2700円。台形と四角の2種類。サイズも大小選べる

お店からひと言

日常の慌ただしさを忘れて、友だちのおうちを訪れる気持ちで、ほっこりしに来てください。

店主
墨田久子さん

☎ 0748-62-7778
甲賀市水口町北脇501-1
営業時間 10:00~17:00
定休日 日~水曜、祝日
カード 可 VISA/Master/AMEX
アクセス 近江鉄道水口・蒲生野線「水口城南」駅から徒歩約25分
駐車場 5台(無料)
URL http://homey-web.net/

CLOSE UP!
スタッフのお気に入り

ビンテージのブローチ

出合った瞬間に一目ぼれしたそう。絶妙な色合いとビンテージ感が店主のお気に入り

楽しい気分にさせてくれるカラフルな店内。ジャンルを問わずさまざまな「面白いもの」が目白押し

zakka

実験アートサロン misin-ya《みしんや》

文具　食器　服　手芸　カフェ

個性豊かなアイテムが揃う アート×雑貨の楽しさを発信

パッと目を引く黄色い外観と、店名が書かれた丸く愛らしい提灯が目印。布作家のやまだあやこさんが営むアトリエ兼セレクトショップです。ミシン修理などを行っていた電器店の面影を残して改装。「アートと日常の融合」をテーマに、２０１１年にオープンしました。どこか懐かしい雰囲気の店頭に並んでいるのは、店主がミシンで作る和素材に大胆なステッチワークを施したカバンや小物、そしておよそ20人の作家の作品です。地元・信楽の陶芸作家による器や絵本に登場するネコを形にしたユーモラスな置物、鮮やかな色使いが楽しい文具や布製品など、とにかく個性豊かで、思わずクスッと笑顔になるものばかり。

『実験』という名のもと、暮らしの中のアートについて発信していけたら」とやまださん。その言葉通り日常の暮らしに新風を吹き込んでくれるような、エッジの利いたアート味あふれる雑貨の数々に触れられる空間です。

(上) 電器店時代からある、古いミシン台をそのまま利用したディスプレイはほっと心を和ませてくれる
(右) 古い着物や帯を素材とするやまださんのカバン。ミシンで細かくステッチをかけ、デザイン性と強度をアップ

人気アイテム

1

つむぎ舎の手作り石鹸580円は定番と季節替わりを合わせて全9種類。店主も愛用中

2

陶芸作家・前川幸市さんのリトルキャット1944円。表情やしぐさが一つずつ異なる

3

独特のフォルムでどんな料理も引き立ててくれそうな山田浩之さんの粉引輪花鉢3240円

お店からひと言

ほかにはない面白いアーティストの作品が手に入ります。一つひとつに込められたストーリーも楽しんでください。

店主
やまだあやこさん

☎ 080-1435-5788 (営業時間のみ対応)
甲賀市信楽町長野1156-2
営業時間 10：30 ～ 17：30
定休日 水・木曜、ほか不定休あり
カード 可 VISA/Master/AMEX
アクセス 信楽高原鐵道「信楽」駅から徒歩約7分
駐車場 なし(公共駐車場利用)
URL http://misin-ya.main.jp/

CLOSE UP!

スタッフのお気に入り

碗（わん）げるポーチ
クラウンバッグ

お気に入りの器を持ち運べるポーチ4800円～。ステッチでカラフルに彩られたバッグ25000円

陶芸の森で制作滞在する外国人にも人気。イスとテーブルはヨーロッパや日本のアンティーク

cafe

TORASARU《とらさる》

スイーツ　コーヒー　ランチ　テイクアウト　雑貨

月替わりのコーヒーとともに多彩なチーズケーキを味わう

信楽出身の店主・副島龍さんが、地元の人々が集まる場所を作りたいと２００２年にカフェをオープン。10周年を機に店名を「TORASARU」に改め、新しく信楽焼の作家を中心とした器のギャラリーを設けました。

オープン以来変わらないのは、その味わいに定評のある京都のオヤコーヒ焙煎所（KAFE工船）の豆で淹れる香り高いコーヒー。豆の種類や焙煎具合は月替わりなので、そのときどきの味わいが楽しめます。また、スイーツはコーヒーと好相性な、チーズケーキの種類を豊富に揃えます。定番のオートミールやチョコレートを使ったもののほか、キャラメルやかぼちゃ、スフレなどから常時5～6種類が並ぶので、どれにしようか迷ってしまいそう。

アンティーク家具が配された店内はスタイリッシュな雰囲気。副島さんの願い通り、地元民はもちろん、陶芸家や観光客が憩うカフェとして愛され続けています。

人気メニュー

1

オートミールの食感が楽しいカッテージチーズケーキ450円&コーヒーホット450円

2

ベイクドチーズケーキ450円。クリームチーズに爽やかなサワークリームを合わせて

3

チョコレートチーズケーキ450円は、クリーミーなガトーショコラのような味わい

(右) 店内には器のギャラリーがあり、10数名の作家ものが並ぶ。カフェで使う食器も購入可能
(左) 3～4種類のパウンドケーキ1カット230円～、1本1250円～を販売。チーズケーキもテイクアウトOK

お店からひと言

おいしいコーヒーと、種類豊富なオリジナルチーズケーキ&パウンドケーキでお待ちしています。

スタッフ
副島佳子さん

☎ 0748-83-1186
甲賀市信楽町勅旨1970-4
営業時間 11：00～20：00 (LO19：00) ※1・2月は～19：00 (LO18：00) [全席禁煙]
定休日 水曜(祝日の場合は営業)
カード 可(5000円以上の場合) VISA/Master/AMEX
アクセス 信楽高原鐵道「玉桂寺前」駅から徒歩約13分
駐車場 2台(無料)
URL http://www.torasaru.com/

CLOSE UP!
スタッフのお気に入り

Turkish bowl M

女性らしい繊細なフォルムとターコイズブルーが美しい鈴木麻起子さんの作品。 6696円

思い思いの時間を紡ぐ
田園のくつろぎ漂う一軒家

太い梁が印象的な吹き抜けのある店内。カウンターには大賀さんとの会話を楽しみにくる人も

cafe

nora cafe《のらかふぇ》

スイーツ　コーヒー　ランチ　テイクアウト　雑貨

スペイン瓦の屋根が印象的な南欧風の一軒家カフェ。無垢の梁や柱、コテむらが美しい漆喰壁が、素朴であたたかみのある空間を作り出しています。窓からはのんびりとした田園風景が広がり、イスに座って外を眺めているだけで、すっかりリラックスした気分に。ハンドドリップで淹れる炭火焙煎のコーヒーは、作家ものの陶製カップでいただくことができます。また、水を使わずトマトで煮込むカレーや、地元精肉店の近江牛を使ったハヤシライスなど、洋食を中心とした6種類のフードが時間を問わず味わえるのも魅力です。

「〝ノラ〟の響きが持つ自由な雰囲気が好き。自然体で過ごしてもらえる場所を作りたかったんです」と話す店主・大賀朗人さん。カフェでは、思いつきで音楽好きの仲間とプチライブを始めることもあるそう。遊び心あふれる店主の人柄に惹かれて、今日も人々は集い、きままな時を過ごすことでしょう。

人気メニュー

1

挽きたての豆で一杯ずつ丁寧に淹れる炭火焙煎コーヒー400円〜。苦みが少なくマイルド

2

トマトの酸味とピーナッツのコクが絡み合うヘルシーなおいしさ。とまとカレー800円

3

自家製メレンゲ菓子の上にビターなコーヒーゼリーをたっぷり。カフェゼリーパフェ540円

(右) 窓の向こうの景色が楽しめるようにと設けられたテーブル席。コーヒーを飲みながらゆったりと眺めたい
(左) おしゃれな銅製の照明。入り口のランプシェードは近江八幡のアトリエによる特注品

＼お店からひと言／

地元作家さんの雑貨販売やヨガ教室、不定期でライブの開催も。気軽に人が集まる場所になればうれしいです。

店長
大賀朗人さん

☎ 0748-62-1157
甲賀市水口町酒人292-9
営業時間 11：30 〜 21：00 (LO20：30)
[全席禁煙]
定休日 水曜(祝日の場合は休業。営業する日もあり)
カード 不可
アクセス JR草津線「三雲」駅からタクシー約7分
駐車場 5台(無料)
URL http://noracafe.wix.com/noracafe/

CLOSE UP!
スタッフのお気に入り

のらブローチ

美大生の娘さん作のブローチで、ゆる〜いかわいさ。スイーツバージョンも。430円

白く塗られた窓がおしゃれなカフェスペース。テーブルや椅子は木工作家のご主人作

cafe

gallery-mamma mia & pâtisserie MiA《ぎゃらりーまんまみーあぱてぃすりーみあ》

スイーツ　コーヒー　ランチ　テイクアウト　雑貨

ノスタルジックな木造校舎で愛情たっぷりのスイーツを

細い坂道を上ると、目の前に緑に覆われたレトロな木造校舎が現れます。元農業学校だった建物を、木工作家の川端健夫さんとパティシエールの美愛さん夫妻が友人たちの手も借り、自らリノベーション。2004年にオープンして以来、遠方からも訪れる人が絶えない人気店です。

入り口は個展も開催されるギャラリースペースで、その奥がカフェ。近隣の農家と牧場から届く新鮮な卵や牛乳、果物から生まれるスイーツは作り手の愛情たっぷり。季節のフルーツを使ったタルトやかわいらしい小さめのシュークリームなどがショーケースに並び、オーダーされるのを待っています。

また、アイデアが詰まったランチのコースも登場。キッシュや前菜など地元産を中心とした野菜たっぷりの料理に、ドレッシングやソースとして自家製コンフィチュールを合わせたメニューで、木〜土曜の予約制。

人気メニュー

1

フランボワーズミルク627円。低温殺菌牛乳に、木苺のコンフィチュールを合わせて

2

季節のタルト。イチゴのタルト519円は1～5月頃に登場。夏はブルーベリーなど

3

かつて宮村と呼ばれたこの地域の子どもたちをイメージ。ミヤッコ・シュー238円

（右）大きな一枚板を使ったテーブル席も。高台にあるので、廊下を挟んだ窓からの眺めは抜群
（左）テイクアウトできるケーキや焼菓子、季節のコンフィチュールが豊富なのでお土産にぜひ

お店からひと言

季節のコンフィチュールはフランスから持ち帰った銅鍋で煮詰めています。風味がとてもいいですよ!

オーナー
川端美愛さん

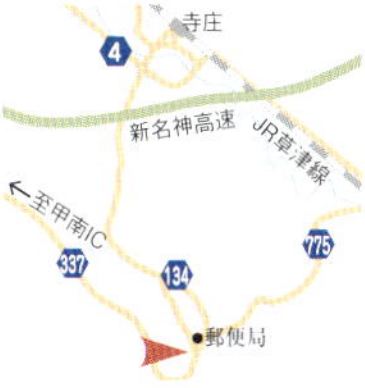

☎ 0748-86-1552
甲賀市甲南町野川835
営業時間 12：00～17：00（LO16：30）※販売は11：00～17：00、ランチは木～土曜12：00開始の1部制（要予約）［全席禁煙］
定休日 月・火曜
カード 不可
アクセス JR草津線「寺庄」駅からタクシー約8分
駐車場 10台（無料）
URL http://mammamia-project.jp/

CLOSE UP!
スタッフのお気に入り

ランチプレート

ランチで料理をのせて使用。写真はナラ材で、ほかの樹種のものもある。15552円

古道具店で入手した棚に並ぶポットや片口。いろんな表情を浮かべる顔がデザインされたおちょこも

zakka

器のしごと《うつわのしごと》

文具　食器　服　手芸　カフェ

日々の丁寧な暮らしを彩る
土のぬくもりを放つ器

　信楽で活躍する陶芸作家・村上直子さんが、自作の器を販売するショップとして、毎週日曜日だけオープン。「器は料理を引き立てるもの」という考えから、店内に並ぶのは白・黒・ベージュを基調にしたシンプルな器を中心に、木製のカトラリーや鉄瓶といった暮らしの道具などをセレクト。土の味を生かした素朴な風合いはもちろん、手に取ると驚くほど軽い茶碗のように、機能性も兼ね備えた作品が多いのも魅力です。

　夏になると、鳥や家をかたどった陶器の揺れる風鈴が登場し、根強い人気を集めているそう。かわいらしいモチーフが風に吹かれて揺れ動く様子に、思わずキュンとしそう。錆びた風合いや時間をかけて変化した古いものが好きという村上さん。古材を用いたテーブルや棚が、作品の味わいを一層引き立てます。

　「丁寧な暮しを支えるものを作り続けたい」という思いが詰まった器や手仕事による道具を、じっくり選べます。

（上）無地だけでなく、花や鳥をモチーフに取り入れた、やさしい雰囲気のコップなども
（右）天井が高く奥行きのある店内。白を基調とした空間に、シンプルな作品がよく映える

人気アイテム

1

なみなみと紅茶を注げるshiromoegiミルクティーカップ3240円、ソーサー 2592円

2

焦げ目がつくように特殊な手法で焼かれた鉄錆hanaポット16200円

3

花の細部まで精巧に表現した、繊細で可憐な箸置き。蓮の実、花つぼみ各1512円

お店からひと言

日々の暮らしの中で、長く使い続けるうちに移り変わっていく器の表情を、楽しんでもらえたらと思います。

店主
村上直子さん

☎ 090-4305-6662
甲賀市信楽町勅旨1978-1
営業時間 11：00～17：00
定休日 月～土曜
カード 不可
アクセス 信楽高原鐵道「玉桂寺前」駅から徒歩約10分
駐車場 20台（無料）
Facebook 器のしごと

CLOSE UP!
スタッフのお気に入り

入り口扉横のランプ

雨風にさらされて、自然と錆び付くようにと考えられた、こだわりのランプに注目して

土のぬくもりに包まれる
多彩な陶芸アートとの出合い

天井まである棚は列ごとに一人の作家の作品が並ぶ。
ほとんどが地元信楽の作家もの

zakka

Cafe あわいさ《あわいさ》

文具　食器　服　手芸　カフェ

およそ築80年の古民家をリノベーションしてギャラリーカフェに。店を始めてから、徐々に陶器に魅せられるようになったという店主の相楽美樹さん。現在、信楽を中心とした18人ほどの作家の手による、器や置物、アクセサリーなど、さまざまな作品に触れることができます。また、地元で育てられた「いろどるファーム」の無農薬野菜や、「信楽青年寮」の和紙を使った文具なども販売。

店名の「あわいさ」は、信楽の方言で「間」という意味。「店がお客さんと作家をつなげる場所になれば」という思いを込め、作品には作家の名刺や作品集などが添えられています。気に入った作家と直接連絡が取れるようにとの心配りだそう。

店内のカフェスペースでは、地元野菜をたっぷり使った月替わりのランチやスイーツも。中でも、朝宮茶のシロップがかかった焼きたてワッフルは、芳醇なお茶の香りが楽しめます。

(上)店内奥の座敷スペース。あまりの居心地のよさに、お昼寝して帰る子どももいるのだとか
(右)気持ちのよい風が通り抜ける店内で、じっくりと自分好みの作品を探すことができる

人気アイテム

1

松吉希美子さんのサンショウウオのブローチ1500円、ストラップは2000円

2

高橋由紀子さんの鳥のカップ&ソーサー 3500円。鳥の表情がなんともいえず愛らしい

3

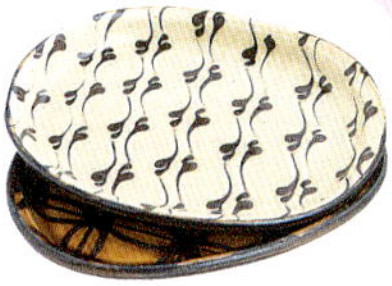

山田洋次さんのスリップウェア各2592円は、和洋を問わずどんな料理にも合わせやすい

お店からひと言

カフェで使っている食器はギャラリーでも販売しているので、食事をしながら使い心地を確かめてみて。

店長
相楽美樹さん

☎ 0748-60-2160
甲賀市信楽町長野903-2
営業時間 11:00～17:00※食事がなくなり次第終了 [全席禁煙]
定休日 日・月曜(1・2月は冬季休業)
カード 不可
アクセス 信楽高原鐵道「信楽」駅から徒歩約12分
駐車場 5台(無料)
Facebook あわいさ

CLOSE UP!

スタッフのお気に入り

ほうじ茶豆乳ラテ

自家製のほうじ茶シロップを使ったラテはやさしい甘さ。卵ボーロとともに。500円

個性あふれるアイテムがいっぱい！

ミュージアムショップで見つけた雑貨④

彦根城博物館 ミュージアムショップ

彦根藩井伊家 家紋手拭い

「彦根橘」と呼ばれる井伊の家紋を手ぬぐいへ大胆にあしらった。1300円

ハンカチ（彦根屏風）

京の遊里（ゆうり）を描いたとされる国宝・彦根屏風の一部をハンカチに。 1400円

一筆箋（能装束）

絢爛豪華な能装束「唐織」を部分的に意匠化。金糸に菊の文様が美しい。300円

サイフ

旧彦根藩に伝えられた美しい「彦根更紗」の絵柄を再現し、小物に仕立てた。850円

彦根城博物館 ミュージアムショップ

彦根藩主をつとめた井伊家に伝わった美術工芸品や古文書などを展示する博物館。こぢんまりとしたショップでは、江戸時代初期の風俗画の傑作といわれる国宝「彦根屏風」をはじめ、茶道具や能装束などに見られる意匠を図案化した、華やかなアイテムが目を引く。井伊家の家紋をデザインした手ぬぐいやキーホルダーなどのグッズも。

☎ 0749-22-6100

彦根市金亀町1-1

営業時間 8：30 ～ 17：00

（入館は～ 16：30）

定休日 なし

カード 不可

アクセス JR琵琶湖線「彦根」駅西口から徒歩約15分

駐車場 なし

URL http://hikone-castle-museum.jp/

AREA

彦根

もう一度通いたくなる
スタッフの笑顔とケーキの味

白い壁や天井と木の床＆棚がマッチした、ナチュラルで開放感あふれる店内

cafe

Cafe fukumoto《かふぇふくもと》

スイーツ　コーヒー　ランチ　テイクアウト　雑貨

予約必須といわれる彦根の人気店「イタリア食堂FUKUMOTO」が手掛けるカフェ。「FUKUMOTO」のデザート担当で、シェフの奥さんが腕を振るう「菓子工房フクモト」のスイーツを、ゆったり供する空間として2014年にオープン。ショーケースの中には、地元農家から届く朝摘みイチゴをはじめ季節のフルーツを使ったスイーツがずらり。中でもバットスタイルの純生ショートケーキは、程よい甘みにスコップでたっぷり盛り付けるスタイルが人気です。お昼どきには季節の食材を使ったパスタとサラダ、自家製のフォカッチャが付くランチを。春は姫筍、夏はズッキーニなど地元産の旬野菜がたっぷりのメニューです。

「地元の農家さん、作り手、お客さん、皆がハッピーに」がコンセプトとあって、笑顔こぼれるアットホームな雰囲気も魅力。白壁にグリーンがやわらかな雰囲気を醸し出す空間での美味とあたたかいサービスに、ほっと和めます。

人気メニュー

1

一番人気のパスタランチ1300円。自家製フォカッチャ、サラダ、ドリンク付き

2

バナナパイなど約7種類の中から選べるケーキセットはドリンク付きで1100円

3

チョコバナナパフェ700円。トッピングされたクッキーは店内で購入できる

（右）居心地のよい2階のスペース。席間隔が広く、どこに座ってもくつろげ、長居してしまいそう
（左）「菓子工房フクモト」のクッキーやマフィン、タルトといった焼菓子が並ぶ物販スペース

＼お店からひと言／

営業時間中は、いつでも食事やデザートが召し上がれます。お好きな時間にくつろぎにお越しください。

オーナー
福本健さん

☎ 0749-49-2877
彦根市戸賀町78-4
営業時間 11：30 ～ 17：00（LO16：00）
［全席禁煙］
定休日 水曜
カード 不可
アクセス JR琵琶湖線「南彦根」駅西口から徒歩約20分
駐車場 100台（無料、共用）
URL なし

CLOSE UP!
スタッフのお気に入り

入り口のリース

季節の花やグリーンで作るリース。お店の顔として人々を出迎え、心を和ませてくれる

彦根の古書店・半月舎がセレクトした本が並ぶライブラリーコーナーも。購入も可能

cafe

VOID A PART《ゔぉいどあぱーと》

スイーツ　コーヒー　ランチ　テイクアウト　雑貨

自分だけの過ごし方が見つかる 琵琶湖畔の新しい“ハコ”

２０１６年５月、彦根郊外の琵琶湖沿いに、複合施設「VOID A PART」がグランドオープン。元々コンビニエンスストアだった建物を、捨てられるはずだった材木や家具などを再利用しながら改装しました。

ゆったりとした店内では、常時スペシャリティコーヒーなどのドリンクが楽しめるほか、週３日のみ動物性食材不使用の玄米おにぎりプレートをはじめ、週替わりの手作りケーキなどのスイーツも。また、併設されたアトリエでは、オーナーの周防苑子さんが手掛ける廃ガラスと植物を組み合わせたプロダクト「ハコミドリ」の展示&販売をするほか、ワークスペースとしても利用できるようＷｉ－Ｆｉも完備。「人々が集まり出会い、さまざまなコミュニティが生まれる場所になればうれしいです」と周防さん。これからはワークショップや映画上映会なども開いていくく予定だそう。これからの展開にも注目したいスポットです。

人気メニュー

1

長浜の無農薬玄米と滋賀県産の野菜たっぷりの、玄米おにぎりプレート1200円

2

自然な甘さが体にやさしい豆乳のフレンチトースト（無添加アイスのせ）600円

3

オリジナル焙煎のスペシャリティコーヒーと豆乳で作るカフェオレは600円

（右）朝日の入る東向きで、植物を育てるのには最適なのだという店舗。陳列棚代わりの青色のドラム缶がかわいい（左）アトリエスペースには、さまざまな植物をガラスの箱に閉じ込めたハコミドリや多肉植物が置かれる

お店からひと言

一日ゆっくり過ごしてもらえる場所を琵琶湖畔に作りました。皆さまのお越しをお待ちしております♪

キッチンスタッフ
渡辺未央さん

☎ 電話での対応不可

彦根市柳川町218-1
営業時間 10：00～21：00（ランチは土・日・月曜のみ、11：00～15：00 ※なくなり次第終了）［全席禁煙］
定休日 火曜、第2・第4水曜
カード 可 VISA/Master/JCB/AMEX/Diners ほか
アクセス JR琵琶湖線「稲枝」駅からタクシー約10分
駐車場 12台（無料）
URL http://www.voidapart.com/

CLOSE UP!
スタッフのお気に入り

ハコミドリの「植物標本」

廃ガラスとドライフラワーの取り合わせが落ち着いた雰囲気を放つ、ハコミドリの新シリーズ

かつては別荘として使われていたという店舗。くつろいだ気分でお気に入りを探してみて

zakka

vokko《ゔぉっこ》

文具　食器　服　手芸　カフェ

北欧の感性宿る一軒家で長く愛せるモノと出合う贅沢

琵琶湖畔の2本の大木に守られるように建つ一軒家の風景は、まるで絵本の1ページのよう。使い込まれた扉を開けると、美しく並べられた品々と穏やかな時間が待っています。「使い込むほどに味の出るものが好き」と語るオーナー・巽夫妻が、一つひとつ選び抜いた暮らしの道具、食器、小物などが並べられます。

中でも目を引くのは、年に2回フィンランドやスウェーデンなどで直接買い付けるビンテージの器や古道具。実用的でおしゃれな北欧デザインに胸がときめきます。また日本の作家が手仕事によって作り上げた品も豊富。造形が美しい木のトレイ、職人気質が光る革の財布、肌触りのいい布類など、普段の生活を豊かにしてくれるアイテムに出合えそう。

店内奥には、その使い心地をお客さんに知ってもらうためのカフェも併設。スウェーデンの老舗ブランド「KOBBS」の紅茶でゆったりと北欧気分を楽しめます。

人気アイテム

1

釉薬を思わせる深い色合い。フィンランド・アラビア社のカップ＆ソーサー 8640円

2

持ち手のフォルムが小粋。プレゼントにも。イギリス製のボトルストッパー 2160円

3

皮革ブランドRHYTHMOSの財布26784円。職人の手縫い仕上げ

（上）古さを感じさせないデザインが魅力の北欧ビンテージ食器。和食器との取り合わせも好相性
（左）木々の間から琵琶湖を望むカフェ。オーナーが淹れるドリップコーヒーでホッと一息

お店からひと言

素材の持ち味を引き出したものを取り揃えています。長く付き合えるアイテムを探しに来てください。

雑貨店店主
巽美智子さん

☎ 0749-43-7808
彦根市柳川町207-1
営業時間 11：00 ～ 19：00（10月～3月は～18：00、カフェは閉店45分前にLO）［全席禁煙］
定休日 木曜、第1、第3水曜（祝日の場合は営業）
カード 可 VISA/Master/JCB/AMEX/Diners ほか
アクセス JR琵琶湖線「稲枝」駅からタクシー約10分
駐車場 8台（無料）
URL http://www.vokko-net.com/

CLOSE UP!

スタッフのお気に入り

Forest shoemakerの靴

長野在住の職人夫妻が製作する靴は、一枚革ならではの抜群のフィット感。38880円～

倉庫として使われていた建物を改装。イス、ベンチ、
ソファとさまざまなタイプの席が

cafe

51CAFE《ごーいちかふぇ》

スイーツ　コーヒー　ランチ　テイクアウト　雑貨

野菜嫌いもとりこにする
ボリューム満点の旬な一皿

箱形のシルバーの外観。木製のドアを開けると、フランスのアパルトマンをイメージしたというゆったりとした空間が広がります。打ちっぱなしのコンクリートの床にアンティークのテーブル、アイアンのコート掛けなどが配され、シャープな雰囲気の中に木のぬくもりが漂います。

パスタやごはんなどがメインのランチをはじめ、ディナーではアラカルトのほか、サラダ5種、パスタ12種などから選べます。中でも、地元野菜に自家製「51ドレッシング」を合わせたニース風サラダが人気メニュー。野菜の苦手な人でも完食してしまうというその秘密は、玉ネギなどが入ったしょうゆベースの自家製ドレッシング。ドレッシングだけを買い求める人も多いそう。

また、奥さまの玲子さんが作るなめらか食感のシフォンケーキなどのデザートも人気。ランチに+300円で付けられるので、ぜひ味わってみて。

人気メニュー

1

スコーン2個に、スープとニース風サラダが付くスコーンランチ1400円

2

プレゼントにも喜ばれるかわいらしいボトル入りの51ドレッシング（280ml）648円

3

夏に人気のゆずスムージー530円は通年メニュー。すっきり爽やかな味が楽しめる

（右）3名以上で利用できるガラス張りの個室は貸切も可能。グループや子連れでくつろぐのに最適
（左）店頭で販売している日本の木工作家の作品やモロッコ、インドネシアの雑貨は、玲子さんのセレクト

お店からひと言

野菜嫌いのお子さまでも食べやすい魔法のドレッシング。ぜひ一度食べてみてください。

店長
小市孝さん

CLOSE UP!
スタッフのお気に入り

家の形をした置物

店に似ているとスタッフが見つけてきたもの。その気持ちがうれしくて大事にしているそう

☎ 0749-27-7751
彦根市平田町790-3
営業時間 ランチ11：00～15：30（土・日曜、祝日は～16：30、LO14：30）、カフェ～15：30（土・日曜、祝日は～16：30）、ディナー18：00～21：30（LO20：30）［全席禁煙］
定休日 木曜　カード 不可
アクセス JR琵琶湖線「南彦根」駅西口から徒歩約15分
駐車場 8台（無料）
URL http://www.51cafe.net/

作品の個性が引き立つシンプルな店内。スタッフスペースのカウンター内は元調剤室

zakka

器・生活道具 The Good Luck Store《ざぐっどらっくすとあ》

文具　食器　服　手芸　カフェ

ずっとそばに置きたくなる
ぐっとくる手仕事のぬくもり

昔ながらの姿を残す商店街の一角に、以前は薬局だったという古い建物があります。ガラス戸越しに見えるあたたかみある陶器に誘われるように店に入ると、手仕事によって作られた器や暮らしの道具がゆったりと並んでいます。この店に置かれるものは、どれも店主の中山通正さんが心からほれ込んだものばかり。じっくり時間をかけて使い込んでいけるものを求め、全国各地に出かけ「作家や窯元とできるだけ直接会って、その作品と思いを一緒に預かってくる」と言います。

ほかにも、インドの刺し子クッションカバーやネパールのレザーバッグなど、海外のハンドメイド品も多数揃います。

店内で頻繁に催される企画展では、作家ものの器や服といった作品でいっぱいに。ワークショップや店先でのフリーマーケットなども開催しています。心に響く〝もの〟との出合いを、そっと後押ししてくれるショップです。

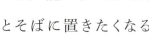

(上) 竹製の買い物かごや弁当箱、ストローハットなど、編み上げて作るクラフトのコーナー
(右) 熊本・小代焼の器や茶こし、琉球ガラスの醤油差しなど、普段の暮らしに溶け込むアイテムが

人気アイテム

1

土もののぬくもりが伝わる八田亨さんの三島手飯碗3564円。手にしっくりとなじむ

2

聴く人をふわりと包み込むやさしい音を奏でる、ひょうたんスピーカー 3240円～

3

インドの手織りの布カディ 580円。使い込むうちになじんで柔らかな手触りに

\ お店からひと言 /

使っているうちにかけがえのない存在となるような、大切なものとの出合いを楽しんでください。

店主
中山通正さん

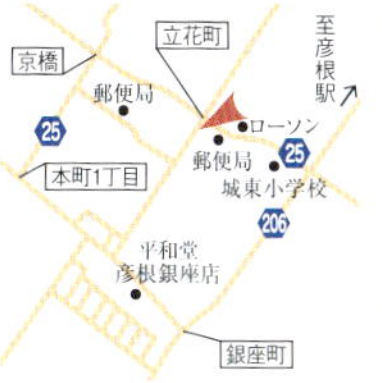

☎ 0749-20-9529
彦根市中央町2-30
営業時間 11：00～19：00
定休日 水・木曜(祝日の場合は営業)
カード 可 VISA/Master/JCB/AMEX/Diners
アクセス JR琵琶湖線「彦根」駅西口から徒歩約10分
駐車場 なし
URL http://thegoodluckstore-shop.com/

CLOSE UP!
スタッフのお気に入り

陶器の人形

民芸品の展示会で一目ぼれしたインド・ラジャスタンの人形。今では店のマスコット的存在に

コーナーごとに見やすくディスプレイ。大人も心惹かれるカラフルで美しい絵本も豊富

zakka

&Anne《あんどあん》

文具　食器　服　手芸　カフェ

選ぶ時間も愛おしい
暮らしを彩る品々との出合い

歴史を感じさせる商店街の一角。ガラス扉を開けると、甘い香りとともに、風合いある文具やモダンな表紙の本などがずらり。こちらは、創業約70年の地元・和菓子店がプロデュースする複合ショップ。奥行きのあるシックな空間は、書店、展示室、洋菓子店とゆるやかに区切られ、ゆっくりとお気に入り探しができます。

書店に併設されたコーナーに置かれるのは、国内外の作家によって丁寧に作られた文房具や食器などの生活雑貨。機能的でいてどこか遊び心があるものが厳選されています。書店に並んでいるのは、食と生活、デザインをテーマにした本で、思わず手に取りたくなるものばかり。

洋菓子店のショーケースには、カヌレなどヨーロッパの伝統菓子が約10種類。大窯でじっくり焼き上げた素朴な味に思わず笑みがこぼれます。毎日をちょっと豊かなものにしてくれる品々と出合える一軒です。

（上）木製の棚にずらり並んだ焼菓子は、子どもからお年寄りまで幅広い層に愛されるやさしい味わい
（右）革や紙、布など素材の持ち味を生かした雑貨たち。使い込むほどにあたたかみが感じられるものをセレクト

人気アイテム

1

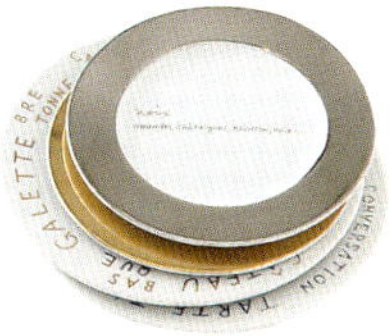

堀井和子さんデザインによるシンプルな皿。金銀3240円、文字入り2700円

2

アロマセラピスト・清水里香さんが調合した＆Anneオリジナルアロマオイル。4104円

3

フィレンツェの皮革工房「Il Bussetto」のコインケース。16200円

お店からひと言

ゆっくりと時間をお過ごしください。

スタッフ
大矢さん 小菅さん 土屋さん

☎ 0749-22-5288
彦根市中央町4-35
営業時間 10：30～18：00
定休日 水・木曜（祝日の場合は営業）
カード 不可
アクセス JR琵琶湖線「彦根」駅西口から徒歩約15分
駐車場 20台（無料）
URL http://www.and-anne.com/

CLOSE UP!
スタッフのお気に入り

お菓子の保存缶

手書き文字をあしらった缶は、料理スタイリスト・堀井和子さんがデザイン。2160円

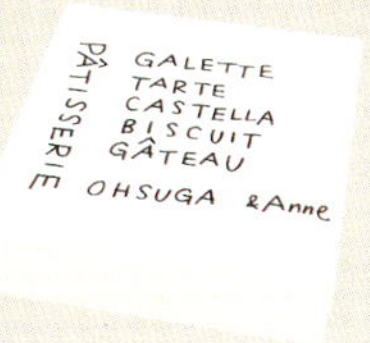

窓際の本棚には、往年の名作コミックがずらりと並ぶ。カウンター席に座って読むのもいい

静かな境内に佇む平屋で時間を忘れてほっと深呼吸を

朴《もく》

cafe

スイーツ　コーヒー　ランチ　テイクアウト　雑貨

彦根城の程近く、護国神社の緑豊かな境内にある一軒の平屋。ここは、戦前に建てられた休憩所を店主の中村さん夫妻が半年がかりで改装した、どこか懐かしさ漂うカフェ。古い梁や柱、並んだ昭和レトロな食器類がほっと落ち着く空間を作り出しています。窓から境内の木々が望めるカウンター席や、靴を脱いで上がる板間のテーブル席など、思い思いの場所でくつろぐことができそうです。

夫妻が作るのは、野菜たっぷりのソースがかかったオムライスや具だくさんのおからコロッケなど、地元野菜や豆類を豊富に使った素朴な料理。また夏季限定で登場する、約10種類の自家製シロップが揃うかき氷は、心待ちにする固定ファンもいるほどの人気だそう。

店内では、滋賀を中心とする手作り作家の作品や、フェアトレードのチョコレートなどの食品も販売。城下町・彦根には、いつも日だまりのようなあたたかさにあふれる、カフェがありました。

人気メニュー

1

日替わりのおかずに五穀米、おからコロッケなど、食べ応え十分の今日の御飯セット900円

2

ひじき豆やお揚げ入りバターライスと自慢のハヤシソースが好相性の朴風オムライス850円

3

チョコバナナや抹茶など数種が揃う日替わりのロールケーキ400円は奥さまの手作り

(右) ファミリーに使われることが多い板間には、おもちゃや絵本が。板間の棚には手作りの雑貨も
(左) 薬膳サブレやよもぎ玄米クッキーなど、卵と乳製品不使用の焼菓子各250円の販売も

お店からひと言

時間がゆっくり流れる場所で、体をいたわる料理とともにのんびりリフレッシュしていってください。

店主
中村光佐さん

☎ 0749-22-0839
彦根市尾末町1-59 護国神社境内
営業時間 11：00～17：00 ※季節により変更あり
[全席禁煙]
定休日 木曜(祝日の場合は休業)、ほか不定休あり
カード 不可
アクセス JR琵琶湖線「彦根」駅西口から徒歩約10分
駐車場 4台(無料)
URL http://cafemoku.hacca.jp/

CLOSE UP!
スタッフのお気に入り

高田テルヨの豆ずきん

赤ちゃん用のにぎにぎやストラップにも。表情の違いを楽しんで。1200円～

大きな窓に面する明るいカウンター席。多賀大社へ続く表参道、通称「絵馬通り」が見渡せる

cafe

藝やCafe《げいやかふぇ》

スイーツ　コーヒー　ランチ　テイクアウト　雑貨

心地よい風が吹き抜ける町の小さなオープンカフェ

多賀大社の表参道に建つ、築約100年の元時計店。遠目には古ぼけた地味な建物に見えますが、一歩中へ入れば印象は一変。大きな窓越しに、すぐ横を流れる太田川沿いの豊かな緑や参道の家並みが絵のように広がり、7〜8人も座れば満席の店とは思えない、開放的な空間が広がっています。

品数をしぼったメニューは、地元多賀の焙煎所に依頼しているオリジナルブレンドコーヒーやスパイスのきいたチャイ、日替わりの自家製ケーキなど、ここでしか味わえない手作りのものばかり。毎日の「行きつけ」にしたくなる魅力がいっぱいです。

「多賀は小さな町だけれど、さまざまな人や出来事がつながっていくことで豊かに過ごせる。そんな出会いの場にもなれたら」と、オーナーで建築家の平居晋さん。さまざまなアーティストのライブや作品展を不定期で開催するなど、歴史ある街角に心地よい風を吹き込む拠点にもなっています。

人気メニュー

1

コーヒー400円。i-beans coffeeによるオリジナルブレンドで、やわらかな口当たり

2

パスタはドリンクとセットで900円。具だくさんの手作りトマトソースと生麺が好相性

3

自家製ケーキ400円～は日替わりで2～3種類が登場。写真は季節の果物のロールケーキ

(右)川沿いにはウッドデッキのオープンテラスも。飲食を利用しない人も気軽に休憩できる、常設のベンチもある
(左)東近江市で森林の維持活用に取り組む「kikito」の間伐材グッズなどの雑貨も扱っている

お店からひと言

小さいけれどその分、周りからいい空気が入ってくる店です。気持ちのよい時間を過ごしに来てください。

オーナー
平居晋さん

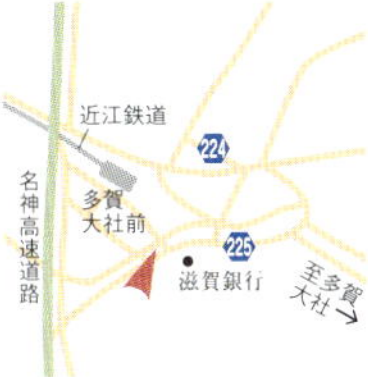

☎ 090-7759-2222
犬上郡多賀町多賀1199
営業時間 11：00～18：00［分煙］
定休日 木曜
カード 不可
アクセス 近江鉄道彦根・多賀大社線「多賀大社前」駅から徒歩約2分
駐車場 5台(無料)
Facebook Geiya Cafe

CLOSE UP!
スタッフのお気に入り

sonihouseの「sight」

空気のように自然な音が流れるスピーカー。店の居心地のよさに一役買っている

西村さんが描いた大きな世界地図や地球儀のランプなど、独特の世界観を醸し出す店内

cafe

えいとひるずでりかてっせん

eight hills delicatessen

スイーツ　コーヒー　ランチ　テイクアウト　雑貨

一皿で旅行気分に誘う
ワールドワイドな美味を堪能

2階の壁に描かれた羽の生えた豚のロゴマークが目印の、アメリカンスタイルのデリカテッセン。オーナーシェフは、大阪や神戸、京都、シアトルのレストランで腕を磨いた西村武士郎さん。「アメリカは移民の国。その〝なんでもあり〟な精神を取り入れたワールドワイドな味を楽しんでもらえたら」と語ります。大きなショーケースには、西村さんの手によって丁寧に仕込まれた多彩な料理が並び、イートインスペースも併設しています。

メニューはハムやサラミなど豚肉加工品や惣菜、キッシュ、パイ、サンドイッチ、デザートなど約50種類。イタリア風のローストポークであるポルケッタ、フランスのジャガイモ料理・ドフィノワーズ……といった珍しい料理も多く、あれもこれもと目移りしてしまいそう。豊富なデリの中から、8種か12種の盛り合わせが選べるプレートランチを求めて、県外や海外から訪れる人も。味の世界旅行へ出かけてみては。

人気メニュー

1

野菜はほぼ滋賀県産。約20種類の美味を一皿に。デリカテッセン盛り合わせ1300円～

2

5種類から選ぶ本格派キッシュに惣菜、スープなどが付いたキッシュプレート1200円～

3

シェフおすすめの9種類の味をおうちで楽しめるテイクアウト用。hill's special 800円

(右) 見ているだけでワクワクする品揃え。チリや国産の豚を使ったハム・ソーセージは、目の前で切り分けたものがいただける
(左) 一人でもゆっくりくつろげるカウンター。壁にはアメリカの地ビール会社の看板が

お店からひと言

世界各国の食文化を取り入れた、ここでしか食べられない味がいっぱい。ぜひ足を運んでください。

オーナーシェフ
西村武士郎さん

スタッフ
大音さん

☎ 0749-28-0837
彦根市八坂町3181
営業時間 11：00～19：00（日曜は～15：00）
［全席禁煙］
定休日 月曜
カード 不可
アクセス JR琵琶湖線「南彦根」駅西口からバス「県立大学」停下車 徒歩約3分
駐車場 10台（無料）
URL http://eighthills.jp/

CLOSE UP!

スタッフのお気に入り

自家製コンフィチュール

オレンジとアールグレイのマーマレード、ミックスベリー＆青トマトとバジルのジャム

風通しがよく過ごしやすい店内。グリーンやイエローの壁が店の雰囲気とマッチ

cafe

Yeti Fazenda COFFEE《いえてぃふぁぜんだこーひー》

スイーツ　コーヒー　ランチ　テイクアウト　雑貨

ビンテージ焙煎機が生み出す
コーヒーの奥深き味わい

元は村役場だった趣あるヴォーリズ建築の一角にあるカフェ。扉を開けると、アナログ盤で流れるジャズの心地よい音色とともに、コーヒーの香りが漂います。

コーヒーが好きで、長年コーヒーの焙煎や販売の仕事に携わってきた店主の打出拓さん。店内の焙煎機で2日に1回、自ら焙煎するというコーヒー豆は、香りや甘み、深いコクとキレのよさが特徴の「Yeti BLEND」をはじめ、全部で6種類が揃います。コーヒーは、KONO式をベースにしたスタイルで、一杯ずつタイミングを計りながら丁寧にペーパードリップで淹れられます。また、打出さんが作るクリスピータイプのオールドファッションドーナツのほか、奥さま手作りのマフィンや動物性食材・精製砂糖不使用のケーキなど、コーヒーに合うスイーツも。

「自分の目指す焙煎がしたくてカフェを開きました」と語る店主が楽しみながら作るコーヒーは、なんだかやさしい味がします。

人気メニュー

1

ディンケル小麦を使ったオールドファッションドーナツ各220円。常時3～6種類あり、テイクアウトもOK

2

花の蜜をイメージしてブレンドされた花（HANA）ブレンド550円はポットでどうぞ

3

ナッツのような芳しい香りが楽しめるマフィンは1個350円

（右）大きなガラス瓶に入ったコーヒー豆。今日はどのブレンドを味わおうかと、選ぶのも楽しみの一つ
（左）ポップな色合いが素敵なコーヒードリッパーや柳宗理の食器なども店内で購入できる

お店からひと言

多彩な風味のコーヒーを各種揃えています。そのときの気分に合わせて選んでいただければうれしいです。

店主
打出拓さん

☎ 0749-28-3539
彦根市日夏町2908-5 日夏里館1F
営業時間 11：00～18：00 ［全席禁煙］
定休日 月曜、ほかイベント出店時など臨時休あり
カード 可 VISA/Master/JCB/AMEX/Diners
アクセス JR琵琶湖線「河瀬」駅西口から徒歩約22分
駐車場 10台（無料）
URL http://yeti112.exblog.jp/

CLOSE UP!
スタッフのお気に入り

70sのコーヒーミル（KONO）

花の模様がめずらしいミル。見た目だけでなく、性能もよくて均等に挽けるのが特徴

無国籍風古民家で見つける
作り手の思いを感じる服&雑貨

真鍮のオブジェやウールのラグ、流木のハンガーラックなど、異素材を組み合わせたディスプレイが見事に調和

zakka

A lot of nothing《あろっとおぶなっしんぐ》

文具　食器　服　手芸　カフェ

多賀大社に向かう参道沿いに建つ、青い瓦屋根の古民家。築100年の元うどん店を改装した店内は、アースカラーを基調にまとめられた無国籍空間が広がります。中南米のテイストが漂うアートラグや心地よさそうなハンモックなどが一見無造作に配された陳列は、まるで旅行好きの友だちの部屋へ遊びに行ったような気分に。

商品ラインナップは、アメリカなどから買い付ける1970年代のヒッピーテイスト漂う古着や、キッチュなアートピース、アジアン調のインテリア、アンティーク小物など、一つひとつにストーリーが感じられるものばかり。また、素材にこだわった日本のカジュアルウェアやバッグ、雑貨類も豊富です。「国や時代に関係なく、作り手のコンセプトやこだわりが感じられるものに惹かれます」と二宮さん。好奇心をくすぐる刺激的な空間で、自分だけの宝物探しができそうです。

（上）黒光りする梁や土間から歴史を感じる店内に、新旧洋邦を問わない商品がしっくりとなじむ
（右）異国情緒漂う空間に改装された元和室。写真家や画家の個展やイベントも開催しているそう

人気アイテム

1

蝶や花をモチーフにした愛らしいアメリカ製ビンテージのピアス。1200～2500円

2

クラシカルで上品。東京の皮革ブランド「NL（ニール）」のクラッチバッグ17820円

3

着心地満点。「crepuscule」のコットンニット（ユニセックス）9720円

お店からひと言

お気に入りを見つけたときのお客さまの笑顔が喜び! 見て触れられるものが多いので、ぜひ足を運んでください。

店主
二宮吉崇さん

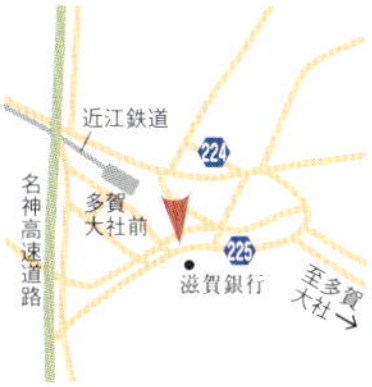

☎ 050-1529-8359
犬上郡多賀町多賀719
営業時間 13：00～19：00（日曜は12：00～）
定休日 火曜（祝日の場合は営業）
カード 可 VISA/Master/JCB/AMEX/Diners ほか
アクセス 近江鉄道彦根・多賀大社線「多賀大社前」駅から徒歩約5分
駐車場 なし
URL http://alotofnothing2013.com/

CLOSE UP!
スタッフのお気に入り

三角鏡

シンプルな木枠ながら形がユニーク。同店オリジナル品で、オーダーも可能。9720円

心落ち着く店内の壁には、世界的なアーティストであるニック・ウォーカー氏の作品が

cafe

MICRO-LADY COFFEE STAND《まいくろれでぃこーひーすたんど》

スイーツ　コーヒー　ランチ　テイクアウト　雑貨

英国ビンテージ薫る空間で“スペシャル”を楽しむ日常

彦根駅構内の元倉庫をリノベーション。隠れ家のような雰囲気と芳しい香りに、つい立ち寄りたくなる自家焙煎のコーヒースタンドです。取り扱うのは、全世界の生産量の約5％に満たないという高品質のスペシャルティコーヒーのみ。バリスタの木村宏さんが、常時販売する焙煎した6種類のシングルオリジン（単一農園）の中から毎日2つをセレクトし、本日のコーヒーとして一杯一杯ペーパードリップで提供しています。「ブラジル、インドネシアなどの豆それぞれの個性を最大限に引き出すのが腕の見せどころ。いろいろ飲み比べて、好みを探してみてもらえたら」と語る木村さん。

ビンテージテイスト漂う店内には、妻の瑞穂さんがイギリスの手作り作家から直接仕入れる雑貨がずらり。コーヒーの香りに包まれながら、リバティープリントのバッグやアニマル柄のカード類といった大人かわいい小物を眺めているだけで、なんだか心が躍ります。

人気メニュー

1

風味豊かなドリップコーヒー380円は「さっぱり」と「しっかり」2種類からセレクト

2

ブラジル産豆をダブルショットで抽出。ナッツのような風味が特徴のカフェ・ラテ430円

3

リンゴジュースの爽やかさとエスプレッソのほろ苦さがマッチ。アップレッソ450円

(右) 店頭では焙煎マシンがお出迎え。英国アンティークのカウンターなどが重厚感を演出
(左) 英国から仕入れる一点ものが並ぶ雑貨スペース。どこか懐かしさを感じる色柄にときめく

お店からひと言

淹れたては香りが違います。コーヒーの奥深い魅力を楽しんでみてください。

オーナー 木村宏さん　スタッフ 木村瑞穂さん

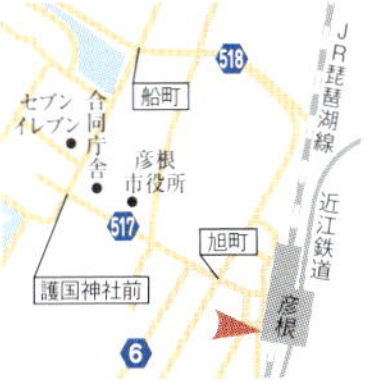

☎ 080-1445-2374
彦根市古沢町40-2 JR彦根駅構内
営業時間 7:30～20:00 [全席禁煙]
定休日 木曜(祝日の場合はその週のいずれかの日)
カード 不可
アクセス JR琵琶湖線「彦根」駅西口構内
駐車場 なし
URL http://micro-lady.jp/

CLOSE UP!

スタッフのお気に入り

「ハッピー・ヴァレンタイン」のポーチ 3456円

イギリスのビンテージ生地のコレクターでもあるデザイナーの手作り。心華やぐ愛らしさ

奥行きのある細長い造りは町家ならでは。坪庭を備えた1階には、生花、雑貨などのコーナーが

zakka

Caro Angelo《かーろあんじぇろ》

文具　食器　服　手芸　カフェ

花々が彩る町家で見つける心揺さぶられるレアアイテム

城下町への入り口として栄え、今なお多くの店が軒を連ねるリバーサイド橋本通り。その一角に、江戸時代の町家を改装したフラワー&セレクトショップがあります。

店内に足を踏み入れると、落ち着いた色合いの生花や、天井から吊るされたアジサイのドライフラワーが目に飛び込んできます。店内を奥に進むと、スタッフの感性に響いたものだけを集めたという雑貨が壁沿いの棚にずらり。主張しすぎないデザインで人気のイイホシユミコさんの器をはじめ、和紙で作られた袋やかばん、おしゃれな工具といった「ハイセンスだけど使える」グッズが並びます。

2階には、カラフルで遊び心あふれる一点ものの服やアクセサリー、靴などのファッションアイテムが。また、一輪挿し制作などのワークショップやハンドメイドによる洋服のオーダー展示会なども開催。彦根の古い町家には、心和む花々と個性あふれる雑貨が競演する、別世界が広がっています。

人気アイテム

1

ネオンカラーが愛らしいpaani-bag 2700円。軽くて丈夫なのもうれしい

2

店でじっくり乾燥させたあじさいのドライフラワー1本800円～は、控えめなかわいさ

3

伊羅保釉（いらぼゆう）を使ったyumiko iihoshi porcelainのオーバルプレート1944円～

（上）小さな階段の先には、masaco.さんをはじめとする作家の服や服飾雑貨が所狭しと並ぶ
（左）シックな色合いの花や珍しい植物が揃う。元々は生花店なのでフラワーアレンジも可能

お店からひと言

一点ものや人とかぶらないアイテムもたくさん揃っています。町家の佇まいとともに、じっくり楽しんでください。

店長
平野朋宏さん

☎ 0749-20-2224
彦根市河原2-2-26
営業時間 11：00～20：00（日曜は～19：00）
定休日 水曜（祝日の場合は休業）
カード 可 VISA/Master/JCB/AMEX/Diners ほか
アクセス JR琵琶湖線「彦根」駅西口から徒歩約15分
駐車場 2台（無料）
URL http://caro-angelo.seesaa.net/

CLOSE UP!

スタッフのお気に入り

ピエンタスカ

植物を植えたり、雑貨を入れてインテリアとしても使えるところがポイント。7344円～

個性あふれるアイテムがいっぱい！

ミュージアムショップで見つけた雑貨⑤

ヤンマーミュージアム ミュージアムショップ

マグカップ

トラクターとはしゃぐヤン坊マー坊が描かれたオリジナルデザイン。972円

オリジナル手ぬぐい

トラクター、ショベルカー、船などヤンマーが手掛ける乗り物をポップに表現。972円

ヤン坊マー坊クリアファイル

表裏にヤン坊マー坊兄弟それぞれの横顔を大胆にデザインしたクールな一枚。237円

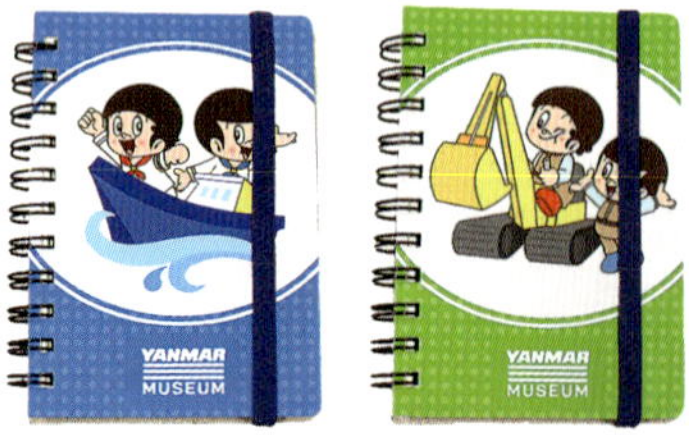

ゴム付きダブルリングノート

ミュージアム内で見たり操作できる乗り物をあしらったノート。各410円

ヤンマーミュージアム ミュージアムショップ

☎ 0749-65-5601

長浜市三和町6-50
営業時間 10：00～18：00
（入館受付は～17：00）
定休日 月曜（祝日の場合は翌平日）
カード 可 VISA/Master/JCB/AMEX/Diners ほか
アクセス JR北陸本線「長浜」駅東口から徒歩約10分
駐車場 30台（無料）
URL https://www.yanmar.com/jp/museum/

農業機械などを手掛ける産業機械メーカー・ヤンマーが運営するミュージアムでは、本物のショベルカーの操作といった体験型の展示やワークショップなどを通じて、もの作りの仕組みを楽しみながら学べる。ヤンマーのキャラクター、ヤン坊マー坊がデザインされた文具やマグカップなど、バリエーション豊富なグッズが購入できるショップを併設。

AREA

長浜

店内のあちこちには、店舗ロゴのフクロウがひっそりとかけられているので、ぜひ探してみて

zakka

MONOKOKORO《ものこころ》

文具 食器 服 手芸 カフェ

ガラスの街の町家にあふれる 暮らしを彩るグッドデザイン

長浜のランドマーク的存在、黒壁ガラス館から程近くにある「MONOKOKORO」は、「モノと〝出会って〟心がはずむギフトショップ」がコンセプト。築100年を超える旧家を改装した空間へ足を踏み入れると、国内外からセレクトされた雑貨のワンダーランドが広がります。

「デザインと実用性を備えたもの」を基準に集められているだけあって、ユニセックスで使える時計やオリジナルの革バッグといったこだわりの品をはじめ、ドイツ製のカラーペン、洋風手ぬぐい、ホーローのカトラリーなど、その見た目の鮮やかさに心が躍る小物がいっぱいです。自分用に贈り物にと選ぶ楽しさを満喫できそう。

また、関西を中心としたガラス作家が手掛ける蝶ブローチやキッチュなデザインのオブジェといった個性的なアイテムに出合えるのは、ガラスの街・長浜ならでは。散策の途中に、ぜひ立ち寄りたい雑貨店です。

（上）アンティークのガラス皿や耐熱カップはどれも1000円前後。手ごろな価格がうれしい
（右）カバン、財布、小物入れなどバリエーション豊かな革小物は男性に人気。デートで一緒に選んでみては

人気アイテム

1

動物が描かれたFujiyoshi Brothersのクリアファイル各237円。やさしい色使いに心が和む

2

かかとが直角で履きやすいrasoxのソックスは赤1620円、ボーダー1512円

3

コップやグラスの縁に腰かける姿がキュートなアニマルフックスプーンは各432円

お店からひと言

子どもから大人まで、男女問わずに楽しんでいただけるお店です。気軽に遊びにいらしてください。

スタッフ
本田麻菜美さん

☎ 0749-65-2330（代表）
長浜市元浜町11-26
営業時間 10：00～18：00（11～3月は～17：00）
定休日 なし
カード 可 VISA/Master/JCB/AMEX/Diners
アクセス JR北陸本線「長浜」駅東口から徒歩約5分
駐車場 なし
URL http://www.kurokabe.co.jp/shop/monokokoro/

CLOSE UP!

スタッフのお気に入り

トートバッグ

柔道着の素材から作られたトートバッグは、洗える上、とても軽くて丈夫。4320円

棚には色とりどりの季節の果物が。木目の表情がやさしいカウンターはオーナーの手作り

cafe

フルーツカフェ しぜん堂《しぜんどう》

スイーツ　コーヒー　ランチ　テイクアウト　雑貨

米原のイチゴ農家が手掛ける ジューシーな果実の味わい

旧北国街道沿いのフルーツカフェは、イチゴ農家「しぜん堂」の直営。有機・無農薬栽培による自慢のイチゴを中心に、旬の果物を使ったメニューが味わえます。

オーナーの川瀬陽介さんは元料理人。あるとき道の駅で手に入れた有機野菜を食べ、味の違いに驚いたのがきっかけで、有機農業を志したのだそう。イチゴ農家となって約4年。本当においしいものを作ることだけに力を注いだ結果、「自信の持てる味」になり、今では大手百貨店でも販売されるほど。その濃く甘酸っぱい味は秀逸です。

形の悪さなどから出荷できない実を、なんとか生かしたいと2015年にカフェを開業。自家製イチゴのほか、長浜・米原の農家や老舗青果店から仕入れる旬の果物で、ジュースからサンドイッチまで多彩なメニューを展開。自家栽培のかぼちゃを使ったスープなど新メニューも続々と開発。訪れるたびに新たに出合う、季節の果実のハーモニーが楽しみなカフェです。

人気メニュー

1

季節の果物約6種にヨーグルトベースのソフト、コーンフレーク入りの果実たっぷりパフェ 580円

2

季節のフルーツサンド480円。旬の果実と生クリーム＆カスタードがベストマッチ

3

シェイクいちご500円は、ヨーグルトベースのソフトとイチゴをミックス（12～8月頃限定）

（右）果肉がまるごと入った、いちご屋さんのいちごJamは一瓶540円（12～8月頃）
（左）木の枝を生かしたポールにかかるのはオリジナルエコバッグ。手作りの花壇や棚には山の緑が

お店からひと言

夏はメロンやスイカ、秋にはイチジクなども登場! 旬のおいしい果物を使ったメニューをお楽しみください。

店長
福井萌々佳さん

☎ 080-3856-7177
長浜市元浜町11-31
営業時間 10：00～17：00 ［全席禁煙］
定休日 火曜（祝日の場合は翌日）
カード 不可
アクセス JR北陸本線「長浜」駅東口から徒歩約10分
駐車場 なし
URL なし

CLOSE UP!
スタッフのお気に入り

季節の野草

友人から贈られたというススキと蔓を編んだかごに、山で摘んでくる草花を生けている

古い町家を改装した店内は随所に風情があり、並べられた器を凛々しく見せてくれる

zakka

ギャラリー 八草《やつぐさ》

文具 食器 服 手芸 カフェ

三代続く塗師が見初めた 陶芸、木工、塗りの逸品

長濱八幡宮のすぐ側、風情ある町家が並ぶ石畳の通り沿い。はらりと風にたなびく暖簾の先に目をやると、きりりとした美しさの器が並ぶ「ギャラリー八草」があります。塗師の三代目を継いだ渡邊嘉久さんと奥さまの宏子さんが2011年にオープンした、作家ものの器と木工品のギャラリー&ショップです。

店名の「八草」は、もの作りをする作家を例えた造語。「よろずを意味する〝八〟と地道でひたむきな姿を表す〝草〟を合わせました」と宏子さん。その名にふさわしく、滋賀を中心に、大阪や奈良、愛知などの実直な作り手の作品が並びます。

どれも外見の美しさだけでなく丁寧な手仕事が施された品々は、使いやすさと手入れのしやすさを備えたものばかり。傷んでしまった漆器の塗り直しや、陶磁器の金継ぎといった修理も受け付けています。お気に入りを大切に使い続けるためのフォローがうれしい限りです。

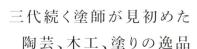

人気アイテム

1

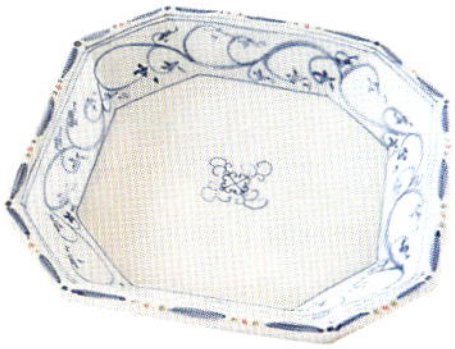

大津の若手作家・稲村真耶さんの磁器皿5400円。料理をおいしく見せると評判

2

甲賀のくるみ川木工所のカッティングボード5670円。入荷後すぐに完売する人気商品

3

店主・渡邊嘉久さんの漆器は大12960円、小7560円。使いやすくとても丈夫

（上）近くの山から採ってきたという緑が店内のあちらこちらに飾られ、清々しい雰囲気を演出
（左）古道具のタンスの扉を外して展示台に。この日は奈良の陶芸家・尾形アツシさんの作品が

お店からひと言

日常を豊かにしてくれる器を、実際手に取ってご覧ください。お客さまとの会話も大切にしています。

マネージャー
渡邊宏子さん

CLOSE UP!
スタッフのお気に入り

尾形アツシさんのフリーカップ

粉引きを得意とする尾形アツシさんのフリーカップは何を入れてもさまになる。3240円

☎ 0749-50-3534
長浜市宮前町10-12
営業時間 13：00 ～ 17：00（土・日曜、祝日は11：00 ～ 18：00）
定休日 火～木曜
カード 可 VISA/Master/JCB/AMEX/ ほか
アクセス JR北陸本線「長浜」駅東口から徒歩約10分
駐車場 なし
URL http://yatsugusa.com/

町家の雰囲気に合わせ、蔵にあった棚や地域の人に
譲られた古い家具を生かしたディスプレイ

zakka

暮らしと生活道具　あふみ舎《あふみしゃ》

文具　食器　服　手芸　カフェ

懐かしくて新しい
暮らしを彩る手仕事の道具

歴史ある大通寺の門前町に佇む、格子窓が印象的な町家の店舗。古い机や戸板を活用した陳列台を、あたたかな電球の光がそっと照らす静謐な空間に、作家ものの器やテーブルウェア、アクセサリーなどの工芸品が並んでいます。

品揃えの中心は、茶色や白を基調に、どこか懐かしく素朴な雰囲気をたたえた器の数々。和洋どちらの料理にも合わせやすいデザインや、取り回しやすい軽さなど、現代の生活になじむ長所を備えた作品が揃います。1000円台の手ごろな価格のものも多く、毎日気軽に愛用できる「暮らしの相棒」が見つけられそう。

「作家さんとはなるべく頻繁に顔を合わせられる関係を」と、実際に工房へ足を運び、一つひとつ選んだ作品だけを置いている、オーナーの宇留野元徳さん。そこで触れた「もの作り」のよさや大変さも伝えていきたいと、器や味噌造りのワークショップなども不定期で開催しています。

（右）染めや織りも自身で手掛ける、寺田知司さんのテキスタイルがキュートなアクセサリーに
（上）格子越しの光に柔らかく映える、森谷和輝さんのパート・ド・ヴェール技法によるガラス器

人気アイテム

1

鎚目が美しいRen作の真鍮・洋白製カトラリー。フォークM2808円、スープスプーン2592円

2

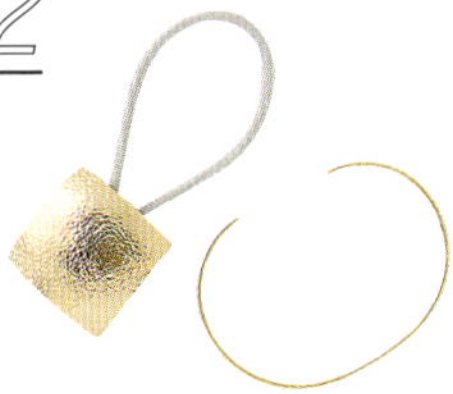

GREGORIO GLEAMのアクセサリー。バングル16M 露 M 2700円、ヘアゴム 四角露 3240円

3

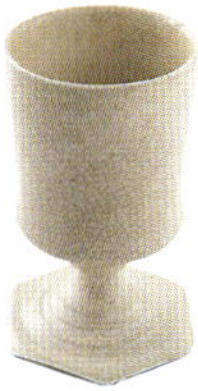

棚橋祐介さん作のリキュールカップ5940円。貫入に栃の実の渋をしみ込ませて味わい深く

＼お店からひと言／

紙ものやコ ヒ 豆など、手ごろな生活雑貨も扱っています。手作り好きの方、気軽にのぞいてください。

オーナー
宇留野元徳さん

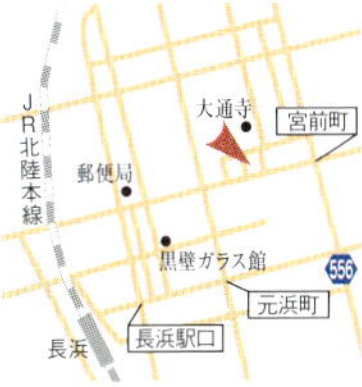

☎ 080-4021-8236
長浜市元浜町17-2
営業時間 11：00～19：00
定休日 月～金曜(営業する日もあり)
カード 可 VISA/Master/AMEX
アクセス JR北陸本線「長浜」駅東口から徒歩約10分
駐車場 なし
URL http://www.afumisha.com/

CLOSE UP!
スタッフのお気に入り

コートハンガー

店主の干支でもある辰年に作ったと思われる品。古道具店で見つけ、店の飾りに

壁に描かれた水墨画と、アンティーク加工されたカウンターの調和が印象的なエントランス

cafe

café Lūk《るーく》

スイーツ　コーヒー　ランチ　テイクアウト　雑貨

レトロモダンな蔵で味わう新感覚のホットケーキ

古い街並みが続く長浜の商店街を抜け、静かな住宅地にひっそりと建つ「café Lūk」。古い醤油蔵をリノベーションした店内は、太い梁や木目の美しい天井を生かした、落ち着きある雰囲気。オーナーの清水由美さんが「自分が行ってみたくなるカフェ」を形にして、近隣の女性たちの癒しの場となっています。

清水さんが豆の選定からこだわり、ハンドドリップで淹れるブレンドを中心に、エスプレッソダブルやカフェモカなどコーヒーメニューが充実。また、自家製のスフレや鉄板焼きナポリタン、サンドイッチなどスイーツやフードも楽しめます。中でもおすすめなのが、人気急上昇中の「モンターニュ」。ふわふわ食感の生地は、パンケーキやアメリカ生まれのデニッシュ「ポップオーバー」を思わせる味わいで、ボリュームの割に完食できるそう。＋１００円でバニラアイスや小豆、生クリームのトッピングもＯＫ。一度は食べておきたい新感覚スイーツです。

人気メニュー

1

新感覚ホットケーキのモンターニュは780円（単品）。ドリンクセットはドリンク代＋530円。バターとシロップを添えて

2

懐かしい鉄板焼きのナポリタンは741円。ケチャップの香ばしさがたまらない

3

チーズとメレンゲを合わせて焼き上げる長濱スフレは630円。一日20個限定。注文は11時〜

（右）吹き抜けの2階はゆったりとくつろげるソファ席。時間を忘れて長居してしまいそう（左）昭和初期の趣を残す店内は開放感たっぷり。フランス国旗をモチーフにした青色がアクセント

＼お店からひと言／

CaféLukで自慢のコーヒーとスイーツを楽しみながら、ゆったりおくつろぎください。

オーナー
清水由美さん

☎ 0749-53-3339

長浜市三ツ矢元町3-8
営業時間 10：00〜17：00（LO16：30）［分煙］
定休日 水曜（祝日の場合は翌日）
カード 不可
アクセス JR北陸本線「長浜」駅東口から徒歩約10分
駐車場 10台（無料）
Facebook Cafe Luk カフェ ルーク

CLOSE UP!

スタッフのお気に入り

ブレンド珈琲

清水さん自らが一杯ずつハンドドリップし、香りと風味を引き立てます。417円

明るい光が差し込む2階のギャラリースペース。さまざまなテーマの企画展や作家展も開催

zakka

木と森《きともり》

文具　食器　服　手芸　カフェ

造形作家の淹れるコーヒーと手作りの道具に出合える場所

長浜の街並みにマッチした和の雰囲気が感じられる白壁の外観に、店名をかたどった味のある看板。愛知県に工房を持つ造形作家であるオーナーが、4年前に開いた週末限定のギャラリー＆カフェ。

「作り手と使い手が出会える場所に」というのがコンセプト。店内全体がギャラリー兼ショールームになっていて、1階のカフェで使われている、カトラリーなどの小物から家具にいたるまで、どれもがオーナーの作品。カフェでは、オーナーが手淹れする自家焙煎のコーヒーや、地元の人にも好評だという自家製酵母のパン（金・土曜のみ）などのメニューが。気軽に作品の使い心地が試せるのもうれしい。

2階のギャラリースペースでは、オーナーが手掛けたまな板やコーヒーフィルターラックなどのほか、布もの作家の奥さまによるナベつかみやバッグといった小物を中心に展示。作家もののシンプルな器や古道具なども一緒に並べられ、手仕事のぬくもりにあふれています。

人気アイテム

1

端材を使ったカッティングボード4104円。ケンポナシや栗などの木を使用

2

一枚のアルミ板を折り曲げて作ったちりとり2700円。厚さ0.5mmで驚くほど軽い

3

あずま袋2700円と古い藍染の生地などを使ったコースター各1080円は綿100%

（上）木や鉄、真鍮などの素材を使ったオーナーの作品。自分がほしいと思うものを制作するそう
（左）奥さまは、よだれかけやナベつかみなど主に布ものを制作。普段使いにピッタリの使いやすさ

お店からひと言

お一人でもゆっくり過ごしていただけると思います。コーヒーを飲みに気軽にお越しください。

オーナー
木全俊吾さん

☎ 090-6397-8755
長浜市宮前町10-5
営業時間 11：00～16：00
定休日 月～木曜
※祝日の場合はホームページで要確認
カード 不可
アクセス JR北陸本線「長浜」駅東口から徒歩約13分
駐車場 なし
URL http://gp53.net/

CLOSE UP!
スタッフのお気に入り

かやふきん　486円～

綿100%で手触りがよく、吸収&速乾性に優れる。丈夫なのもうれしい。486円～

乙女の琵琶湖・滋賀
雑貨屋&カフェさんぽ
かわいいお店めぐり

甲賀エリア

暮らしに寄り添う器と雑貨 Homey （ほーみぃ） …… 68
実験アートサロン misin-ya （みしんや） …… 70
TORASARU （とらさる） …… 72
nora cafe （のらかふぇ） …… 74
gallery-mamma mia & pâtisserie MiA （ぎゃらりーまんまみーあ ぱてぃすりーみあ） …… 76
器のしごと （うつわのしごと） …… 78
Cafe あわいさ （あわいさ） …… 80

彦根エリア

Cafe fukumoto （かふぇふくもと） …… 84
VOID A PART （ゔぉいどあぱーと） …… 86
vokko （ゔぉっこ） …… 88
51CAFE （ごーいちかふぇ） …… 90
器・生活道具 The Good Luck Store （ざぐっどらっくすとあ） …… 92
&Anne （あんどあん） …… 94
朴 （もく） …… 96
藝やcafe （げいやかふぇ） …… 98
eight hills delicatessen （えいとひるずでりかてっせん） … 100
Yeti Fazenda COFFEE （いえてぃふぁぜんだこーひー） … 102
A lot of nothing （あろっとおぶなっしんぐ） … 104
MICRO-LADY COFFEE STAND （まいくろれでぃこーひーすたんど） … 106
Caro Angelo （かーろあんじぇろ） … 108

長浜エリア

MONOKOKORO （ものこころ） … 112
フルーツカフェ しぜん堂 （しぜんどう） … 114
ギャラリー 八草 （やつぐさ） … 116
暮らしと生活道具 あふみ舎 （あふみしゃ） … 118
café Lūk （るーく） … 120
木と森 （きともり） … 122

エリア別 INDEX

店名・店名よみと、店の特徴を示すジャンルとアイコン（雑貨店：文具／食器／服／手芸／カフェ）（カフェ：スイーツ／コーヒー／ランチ／テイクアウト／雑貨）と掲載ページを挙げています。

雑貨　…文具　…食器　…服　…手芸　…カフェ

カフェ　…スイーツ　…コーヒー　…ランチ　…テイクアウト　…雑貨

大津エリア

HERB+CAFE ALOHA KITCHEN （はーぶかふぇあろはきっちん） …… 10
A^{+} store （えーぷらすすとあ） …… 12
NORTHWEST SELECT （のーすうえすとせれくと） …… 14
atelier sango （あとりえさんご） …… 16
hello COFFEE STAND （はろーこーひーすたんど） …… 18
cafe fukubako （ふくばこ） …… 20
KAHALANI Coffee House （かはらに） …… 22
立木音楽堂カフェ （たちきおんがくどうかふぇ） …… 24

草津～野洲エリア

手芸と日用雑貨のお店 teto. （てと） …… 28
cafe salon STILL ROOM （すてぃるるーむ） …… 30
thyme （たいむ） …… 32
savi no niwa （さびのにわ） …… 34
cafe tori （かふぇとり） …… 36
Cafe ネンリン （ねんりん） …… 38
cafe & roasting 米安珈琲焙煎所 （こめやすこーひーばいせんじょ） …… 40
Tea Room Maman （ままん） …… 42

近江八幡エリア

お菓子と旅のお茶 Ruwam （るわむ） …… 46
喫茶・雑貨 coque （こきゅう） …… 48
ティースペース 茶楽 （さらく） …… 50
coffee åtta 珈琲オッタ （おった） …… 52
NEO classic （ねおくらしっく） …… 54
Natural Kitchen Cure'l （きゅれる） …… 56
idea note （いであのーと） …… 58
La Collina 近江八幡 （らこりーなおうみはちまん） …… 60
Café Caché （かしぇ） …… 62
くつろぎ茶・幸 （さち） …… 64

な行
NEO classic（ねおくらしっく）…… 近江八幡 …… 54
Cafe ネンリン（ねんりん）…… 草津～野洲 …… 38
NORTHWEST SELECT（のーすうえすとせれくと）…… 大津 …… 14
nora cafe（のらかふぇ）…… 甲賀 …… 74

は行
hello COFFEE STAND（はろーこーひーすたんど）…… 大津 …… 18
彦根城博物館 ミュージアムショップ（ひこねじょうはくぶつかんみゅーじあむしょっぷ）…… 彦根 …… 82
琵琶湖博物館 ミュージアムショップおいでや（びわこはくぶつかんみゅーじあむしょっぷおいでや）…… 草津～野洲 …… 26
cafe fukubako（ふくばこ）…… 大津 …… 20
Cafe fukumoto（ふくもと）…… 彦根 …… 84
暮らしに寄り添う器と雑貨 Homey（ほーみぃ）…… 甲賀 …… 68

ま行
MICRO-LADY COFFEE STAND（まいくろれでぃこーひーすたんど）…… 彦根 …… 106
Tea Room Maman（ままん）…… 草津～野洲 …… 42
gallery-mamma mia & pâtisserie MiA（まんまみーあ ぱてぃすりーみあ）…… 甲賀 …… 76
実験アートサロン misin-ya（みしんや）…… 甲賀 …… 70
MIHO MUSEUM 北館＆南館ショップ（みほみゅーじあむきたかんみなみかんしょっぷ）…… 甲賀 …… 66
朴（もく）…… 彦根 …… 96
MONOKOKORO（ものこころ）…… 長浜 …… 112

や行
ギャラリー 八草（やつぐさ）…… 長浜 …… 116
ヤンマーミュージアム ミュージアムショップ（やんまーみゅーじあむみゅーじあむしょっぷ）…… 長浜 …… 110

ら行
La Collina 近江八幡（らこりーなおうみはちまん）…… 近江八幡 …… 60
café Lūk（るーく）…… 長浜 …… 120
お菓子と旅のお茶 Ruwam（るわむ）…… 近江八幡 …… 46

50音順 INDEX

50音順に、店名・店名よみ・エリア・掲載ページを挙げています。お店が探しやすいよう「cafe」「gallery」などの一部語句の読みは省いて並べています。

あ行	atelier sango（あとりえさんご）	大津	16
	暮らしと生活道具 あふみ舎（あふみしゃ）	長浜	118
	A lot of nothing（あろっとおぶなっしんぐ）	彦根	104
	HERB+CAFE ALOHA KITCHEN（あろはきっちん）	大津	10
	Cafe あわいさ（あわいさ）	甲賀	80
	&Anne（あんどあん）	彦根	94
	Yeti Fazenda COFFEE（いえてぃふぁぜんだこーひー）	彦根	102
	idea note（いであのーと）	近江八幡	58
	VOID A PART（ゔぉいどあぱーと）	彦根	86
	vokko（ゔぉっこ）	彦根	88
	器のしごと（うつわのしごと）	甲賀	78
	eight hills delicatessen（えいとひるずでりかてっせん）	彦根	100
	A^{+} store（えーぷらすすとあ）	大津	12
	coffee åtta 珈琲オッタ（おった）	近江八幡	52
か行	Café Caché（かしぇ）	近江八幡	62
	KAHALANI Coffee House（かはらに）	大津	22
	Caro Angelo（かーろあんじぇろ）	彦根	108
	木と森（きともり）	長浜	122
	Natural Kitchen Cure'l（きゅれる）	近江八幡	56
	くつろぎ茶・幸（くつろぎちゃさち）	近江八幡	64
	藝やcafe（げいやかふぇ）	彦根	98
	51CAFE（ごーいちかふぇ）	彦根	90
	喫茶・雑貨 coque（こきゅう）	近江八幡	48
	cafe & roasting 米安珈琲焙煎所（こめやすこーひーばいせんじょ）	草津～野洲	40
さ行	佐川美術館 ミュージアムショップ SAM（さがわびじゅつかんみゅーじあむしょっぷさむ）	草津～野洲	44
	器・生活道具 The Good Luck Store（ざぐっどらっくすとあ）	彦根	92
	savi no niwa（さびのにわ）	草津～野洲	34
	ティースペース 茶楽（さらく）	近江八幡	50
	フルーツカフェ しぜん堂（しぜんどう）	長浜	114
	cafe salon STILL ROOM（すてぃるるーむ）	草津～野洲	30
た行	thyme（たいむ）	草津～野洲	32
	立木音楽堂カフェ（たちきおんがくどうかふぇ）	大津	24
	手芸と日用雑貨のお店 teto.（てと）	草津～野洲	28
	TORASARU（とらさる）	甲賀	72
	cafe tori（とり）	草津～野洲	36

Staff

［編集・制作］
有限会社アリカ
京都市下京区河原町五条南西角 昭栄ビル 4F
http://www.arikainc.com/

［編集］
白木麻紀子・山下崇徳（アリカ）

［編集アシスタント］
風戸紗帆

［原稿］
新家康規・岩朝奈々恵・藤本りお・永野香・坂本綾（アリカ）
垣貫由衣、三輪ゆうこ、岡田有貴、吉野智子

［撮影］
小野さゆり、福尾行洋（p.24 ～ 25）、木村有希（p.26）

［デザイン・DTP］
室田征臣・室田彩乃（oto）

乙女の琵琶湖・滋賀 雑貨屋&カフェさんぽ
かわいいお店めぐり

2016年8月30日 第1版・第1刷発行

著　者　アリカ
発行者　メイツ出版株式会社
　　　　代表者　前田信二
　　　　〒102-0093 東京都千代田区平河町一丁目1-8
　　　　TEL：03-5276-3050（編集・営業）
　　　　　　 03-5276-3052（注文専用）
　　　　FAX：03-5276-3105
印　刷　三松堂株式会社

●本書の一部、あるいは全部を無断でコピーすることは、法律で認められた場合を除き、著作権の侵害となりますので禁止します。
●定価はカバーに表示してあります。
©アリカ,2016.ISBN978-4-7804-1782-1 C2026 Printed in Japan.

メイツ出版ホームページアドレス http://www.mates-publishing.co.jp/
編集長:折居かおる　企画担当:折居かおる　制作担当:清岡香奈